WALLACE D. WATTLES

LA CIENCIA

DE HACERSE RICO

edaf

LA CIENCIA DEL BIENESTAR | LA CIENCIA DE SER GRANDE

Wallace D. Wattles

La ciencia de hacerse rico

La ciencia del bienestar
La ciencia de ser grande

edaf

www.edaf.net

MADRID - MÉXICO - BUENOS AIRES - SANTIAGO

2022

Título original: *The Science of Getting Rich, Being Great, and Being Well*, por Wallace D. Wattles
© 2022. De la traducción, José Antonio Álvaro Garrido
© 2022. De esta edición, Editorial Edaf, S.L.U.

Diseño de cubierta: Marta Elza
Maquetación y diseño de interior: Diseño y Control Gráfico, S.L.

© Todos los derechos reservados

Editorial Edaf, S.L.U.
Jorge Juan, 68,
28009 Madrid, España
Teléf.: (34) 91 435 82 60
www.edaf.net
edaf@edaf.net

Ediciones Algaba, S.A. de C.V.
Calle 21, Poniente 3323 - Entre la 33 sur y la 35 sur
Colonia Belisario Domínguez
Puebla 72180, México
Telf.: 52 22 22 11 13 87
jaime.breton@edaf.com.mx

Edaf del Plata, S.A.
Chile, 2222
1227 Buenos Aires (Argentina)
edaf4@speedy.com.ar

Editorial Edaf Chile, S.A.
Avda. Charles Aranguiz Sandoval, 0367
Ex. Circunvalación, Puente Alto
Santiago - Chile
Telf: +56 2 2707 8100 / +56 9 9999 9855
comercialedafchile@edafchile.cl

Septiembre de 2022

ISBN: 978-84-414-4187-3
Depósito legal: M-19167-2022

PRINTED IN SPAIN   IMPRESO EN ESPAÑA

COFÁS

Índice

La ciencia de hacerse rico

CONTENIDO

Prefacio

STE libro es pragmático, no filosófico; es un manual práctico, no un
tratado basado en teorías. Está destinado a los hombres y mujeres
cuya necesidad más apremiante es la del dinero; a los que desean enriquecerse primero y filosofar después. Es para aquellos que, hasta ahora,
no han encontrado ni el tiempo, ni los medios, ni la oportunidad para
profundizar en el estudio de la metafísica, pero que quieren resultados y
que están dispuestos a asumir las conclusiones de la ciencia como base
para emprender la acción, sin entrar en disquisiciones sobre todos los procesos por los que se llegó a esas conclusiones.

Se espera que el lector acepte las afirmaciones fundamentales que contiene sin discutir, del mismo modo que aceptaría las afirmaciones tocantes
a una ley de acción eléctrica si fueran enunciadas por un Marconi o un
Edison; y que, aceptando las afirmaciones sin discutir, compruebe su
veracidad poniendo en práctica las mismas sin miedo ni vacilación. Todo
hombre o mujer que haga esto se enriquecerá con toda seguridad, ya que
la ciencia aquí aplicada es una ciencia exacta y el fracaso resulta imposible.
Sin embargo, para beneficio de aquellos que desean investigar las teorías
filosóficas y así asegurar una base lógica para creer en ellas, citaré aquí
ciertas autoridades.

La teoría monista del universo —la teoría de que Uno es Todo, y que
Todo es Uno; que una Substancia se manifiesta como los, en aparien-

cia, múltiples elementos del mundo material— es de origen hindú y se ha ido abriendo paso gradualmente en el pensamiento del mundo occidental durante los últimos doscientos años. Es el fundamento de todas las filosofías orientales, así como de las de Descartes, Spinoza, Leibnitz, Schopenhauer, Hegel y Emerson. Se aconseja al lector que quiera indagar en sus fundamentos filosóficos que lea por su cuenta a Hegel y a Emerson.

Al escribir este libro, he sacrificado cualquier otra consideración a la sencillez y simplicidad de estilo, para que todos puedan entenderlo. El plan de acción que aquí se expone se dedujo de las conclusiones de la filosofía; se ha probado a fondo y soporta la prueba suprema del experimento práctico: funciona. Si deseas saber cómo se llegó a las conclusiones, lee los escritos de los autores mencionados anteriormente; y si deseas cosechar los frutos de sus filosofías en la práctica real, lee este libro y haz exactamente lo que se te dice que hagas.

—El autor

CAPÍTULO I

El derecho a ser rico

Por mucho que se diga en favor de la pobreza, lo cierto es que no es posible vivir una vida realmente completa o exitosa a menos que uno sea rico. Ningún hombre puede elevarse a su mayor altura posible, en lo tocante a talento o desarrollo del alma, a menos que disponga de mucho dinero; porque, para desplegar el alma y desarrollar el talento, debe contar con muchos bienes para usar, y no puede tener tales bienes a menos que disponga de dinero para comprarlos.

El hombre se desarrolla en mente, alma y cuerpo haciendo uso de las cosas, y la sociedad está organizada de tal manera que el hombre debe tener dinero para convertirse en poseedor de dichas cosas; por lo tanto, la base de todo progreso, para el hombre, debe ser la ciencia de hacerse rico.

El objeto de toda vida es el desarrollo, y todo ser viviente tiene un derecho inalienable al máximo desarrollo que sea capaz de alcanzar. El derecho del hombre a la vida significa su derecho a tener el uso libre y sin restricciones de todas las cosas que puedan ser necesarias para su más completo desarrollo mental, espiritual y físico; o, en otras palabras, su derecho a ser rico.

En este libro no hablaré de riquezas de forma figurada; ser realmente rico no significa estar satisfecho o contentarse con poco. Ningún hombre debería estar satisfecho con poco si es capaz de usar y disfrutar de más. El propósito de la naturaleza es el progreso y el desarrollo de la vida, y cada hombre debe tener todo lo que pueda contribuir al poder, la elegancia, la belleza y la riqueza de la vida; contentarse con menos es un pecado.

El hombre que posee todo cuanto quiere para vivir toda la vida que es capaz de vivir, es rico; y ningún hombre que no tenga mucho dinero puede tener todo lo que quiere. La existencia ha avanzado tanto, y se ha vuelto tan compleja, que incluso el hombre o la mujer más ordinarios requieren una gran cantidad de riqueza para poder vivir de una manera que se acerque siquiera a la plenitud. Toda persona desea, de forma natural, llegar a ser todo lo que es capaz de ser; tal deseo de realizar las posibilidades innatas es inherente a la naturaleza humana y no podemos evitar querer ser todo lo que podemos ser.

> *El éxito en la vida consiste en llegar a ser lo que uno quiere ser.*

Solo se puede llegar a ser lo que uno quiere ser haciendo uso de las cosas, y solo se puede tener el libre uso de las cosas cuando se llega a ser lo bastante rico como para comprarlas. Entender la ciencia de hacerse rico es, por tanto, el más esencial de todos los conocimientos.

No hay nada malo en querer enriquecerse. El deseo de riqueza es, en realidad, el deseo de una vida más rica, más plena y más abundante; y tal deseo es digno de alabanza. El hombre que no desea vivir con mayor abundancia es algo anormal, de la misma forma que el hombre que no desea tener dinero suficiente para comprar todo lo que desea es anómalo. Hay tres motivos por los que vivimos: vivimos para el cuerpo, vivimos para la mente, vivimos para el alma. Ninguno de esos motivos es mejor o más santo que el otro; todos son igualmente deseables y ninguno de los tres —cuerpo, mente o alma— puede vivir en plenitud si alguno de los otros se ve privado de una vida y expresión plenas. No es correcto ni noble vivir solo para el alma y negar la mente o el cuerpo; y es un error vivir para el intelecto y negar el cuerpo o el alma.

Todos conocemos las repugnantes consecuencias de vivir para el cuerpo y negar la mente y el alma; y vemos que la verdadera vida es la expresión completa de todo lo que el hombre puede dar a través del cuerpo, la mente y el alma. Independientemente de lo que se pueda llegar a decir, ningún hombre puede ser realmente feliz o estar satisfecho a menos que su cuerpo esté viviendo plenamente en todas sus funciones, y a menos que lo mismo ocurra con su mente y su alma. Dondequiera que haya una posibilidad no expresada, o una función no realizada, existe un deseo insatisfecho. El deseo es la posibilidad que busca su expresión, o la función que busca su realización.

El hombre no puede vivir plenamente su corporalidad sin una buena alimentación, una ropa cómoda y un refugio cálido, y sin estar libre de trabajos excesivos. El descanso y la holganza también son necesarios para su vida física. No puede vivir plenamente en el plano mental sin libros y tiempo para estudiarlos, sin oportunidad de viajar y observar, o sin compañía intelectual. Para vivir plenamente en el plano mental debe disfrutar de recreaciones intelectuales, y rodearse de todos los objetos de arte y belleza que sea capaz de utilizar y apreciar.

Para que su alma viva plenamente, el hombre debe tener amor; y el amor, en la pobreza, ve negada la posibilidad de expresarse.

> *La mayor felicidad del hombre se encuentra en generar beneficios para los que ama; el amor encuentra su expresión más natural y espontánea en la entrega.*

El hombre que no tiene nada que dar no puede ocupar su lugar como esposo o padre, como ciudadano o como hombre. Es mediante el uso de las cosas materiales donde el hombre encuentra la vida plena para su cuerpo, desarrolla su mente y despliega su alma. Por lo tanto, para él es de suprema importancia ser rico.

Es del todo lícito que desees ser rico; si eres un hombre o una mujer normal, no puedes evitarlo. Es del todo correcto que prestes la máxima atención a la Ciencia de Hacerse Rico, porque es el más noble y necesario de todos los estudios. Si descuidas este estudio, faltas a tu deber contigo mismo, con Dios y con la Humanidad; porque no puedes prestar a Dios y a la Humanidad mayor servicio que el de sacar el máximo provecho de ti mismo.

CAPÍTULO II

Existe una ciencia para hacerse rico

EXISTE una ciencia para hacerse rico, y es una ciencia exacta, lo mismo que el álgebra o la aritmética. Existen ciertas leyes que gobiernan el proceso de adquirir riquezas; una vez que cualquier hombre aprende y obedece tales leyes, se hará rico con certeza matemática.

La posesión de dinero y propiedades es el resultado de hacer las cosas de una Determinada Manera; aquellos que hacen las cosas de esta Determinada Manera, ya sea a propósito o accidentalmente, se enriquecen; mientras que aquellos que no hacen las cosas de esta Determinada Manera, no importa lo mucho que trabajen o lo capaces que sean, siguen siendo pobres. Es una ley natural que las causas semejantes siempre producen efectos semejantes; y, por tanto, cualquier hombre o mujer que aprenda a hacer las cosas de esta Determinada Manera se hará rico infaliblemente. Los siguientes hechos demuestran que la afirmación anterior es cierta:

Hacerse rico no es una cuestión de ambiente, pues, si lo fuera, todos los habitantes de ciertos barrios se harían ricos; los habitantes de una ciudad serían todos ricos, mientras que los de otras ciudades serían todos pobres; o los habitantes de un estado nadarían en la abundancia, mientras que los de un estado contiguo estarían en la pobreza.

Pero, en todas partes, vemos a ricos y pobres viviendo unos al lado de los otros, en el mismo ambiente, y a menudo dedicados a las mismas vocaciones. Cuando dos hombres residen en la misma localidad, y tienen el mismo negocio, y uno se enriquece mientras el otro sigue siendo pobre, tal hecho demuestra que enriquecerse no es, principalmente, una cuestión de entorno. Algunos entornos pueden ser más favorables que otros, pero, cuando dos hombres con el mismo negocio están en el mismo barrio, y uno se hace rico mientras el otro fracasa, indica que hacerse rico es el resultado de hacer las cosas de una Determinada Manera. Y además, la capacidad de hacer las cosas de esta Determinada Manera no se debe únicamente a poseer talento, pues muchas personas que tienen mucho talento siguen siendo pobres, mientras que otras que tienen muy poco talento se hacen ricas.

Al estudiar a las personas que se han enriquecido, encontramos que son un grupo promedio en todos los aspectos, que no tienen mayores talentos y habilidades que otros hombres. Es evidente que no se enriquecen porque posean talentos y habilidades que otros hombres no tienen, sino porque resulta que hacen las cosas de una Determinada Manera.

Hacerse rico no es el resultado del ahorro, o de la «frugalidad»; muchas personas de lo más austeras son pobres, mientras que los que gastan libremente a menudo se hacen ricos. Tampoco el enriquecerse se debe a hacer cosas que otros no hacen; pues dos hombres que están en el mismo negocio a menudo hacen casi exactamente las mismas cosas, y uno se enriquece mientras el otro sigue pobre o se arruina. Por todo ello, debemos llegar a la conclusión de que hacerse rico es el resultado de hacer las cosas de una Determinada Manera.

Si enriquecerse es el resultado de hacer las cosas de una Determinada Manera, y si las causas semejantes producen siempre efectos semejantes, entonces cualquier hombre o mujer que pueda hacer las cosas de esa manera puede enriquecerse, y todo el asunto entra en el dominio de la ciencia exacta.

La cuestión que se plantea aquí es si dicha Determinada Manera no es tan difícil como para que solo unos pocos puedan llevarla a cabo. Esto no puede ser cierto, como ya hemos visto, en lo que respecta a la capacidad natural. Las personas con talento se enriquecen y las cabezas de chorlito se enriquecen también; las personas intelectualmente brillantes se enriquecen y las muy estúpidas se enriquecen también; las personas físicamente fuertes se enriquecen, y las débiles y enfermas se enriquecen también.

Cierto grado de habilidad para pensar y comprender es, por supuesto, esencial; pero, en lo que respecta a la habilidad natural, cualquier hombre o mujer que tenga el suficiente sentido común para leer y comprender estas palabras puede hacerse rico con toda certeza. Además, hemos visto que no es una cuestión de entorno. Aunque la ubicación cuenta hasta cierto punto; uno no iría al corazón del Sahara esperando hacer allí negocios exitosos.

Hacerse rico lleva aparejada la necesidad de tratar con los hombres, y de estar donde hay gente con la que tratar; y, si esta gente se muestra inclinada a comportarse de la manera que uno busca, tanto mejor. Pero hasta ahí llega el entorno.

Si cualquier otra persona de tu ciudad puede enriquecerse, tú también; y si cualquier otra persona de tu estado puede enriquecerse, tú también. Una vez más, no se trata de elegir un negocio o una profesión en particular. La gente se enriquece en todos los negocios y en todas las profesiones, mientras que sus vecinos de al lado, que tienen la misma vocación, permanecen en la pobreza.

Es cierto que te irá mejor en un negocio que te guste y que sea acorde a tus inclinaciones; y que, si tienes ciertos talentos bien desarrollados, te irá mejor en un negocio que requiera el ejercicio de tales talentos. Además, te irá mejor en un negocio que se adapte a tu localidad; a una heladería le irá mejor en un clima cálido que en Groenlandia, y una explotación pesquera de salmón tendrá más éxito en el noroeste que en Florida, donde no hay salmones.

Pero, aparte de estas limitaciones generales,

hacerse rico no depende de que te dediques a un negocio concreto, sino de que aprendas a hacer las cosas de una determinada manera.

Si tú estás ahora en cierto negocio, y cualquier otra persona en tu localidad se está haciendo rica en ese mismo negocio, mientras que tú no te estás haciendo rico, eso es porque tú no estás haciendo las cosas de la misma manera que la otra persona lo está haciendo.

A nadie se le impide hacerse rico por falta de capital. Es cierto que, a medida que se obtiene capital, el ascenso se hace más fácil y rápido; pero, quien tiene capital, ya es rico, y no necesita considerar cómo llegar a serlo. Por muy pobre que seas, si empiezas a hacer las cosas de Determinada Manera, empezarás a hacerte rico, y empezarás a tener capital. La obtención de capital es una parte del proceso de enriquecimiento, y es una parte del resultado que sigue invariablemente a la realización de las cosas a la Determinada Manera.

Puedes ser el hombre más pobre del continente y estar profundamente endeudado; puedes no tener ni amigos, ni influencia, ni recursos; pero si empiezas a hacer las cosas de esta manera, debes infaliblemente comenzar a hacerte rico, porque iguales causas producen iguales efectos.

Si no tienes capital, puedes conseguirlo; si estás en el negocio equivocado, puedes entrar en el negocio adecuado; si estás en el lugar equivocado, puedes ir al lugar adecuado; y puedes hacerlo empezando en tu negocio actual y en tu lugar actual, al hacer las cosas de la Determinada Manera que conduce al éxito.

CAPÍTULO III

¿Está monopolizada la oportunidad?

Ningún hombre permanece en la pobreza porque le hayan arrebatado la oportunidad; porque otras personas hayan monopolizado la riqueza y hayan puesto una cerca alrededor de la misma. Tú puedes tener vedado el dedicarte a los negocios en ciertos sectores, pero existen otros canales que tienes abiertos. Probablemente, te resultaría difícil hacerte con el control de cualquiera de las grandes redes ferroviarias, ya que ese campo está bastante bien monopolizado. Pero el negocio de los ferrocarriles eléctricos está todavía en sus comienzos y ofrece muchas posibilidades para emprender, y no tardará más que unos pocos años hasta que el tráfico y el transporte aéreos se conviertan en grandes industrias, y que, en todas sus ramas, den empleo a cientos de miles, y tal vez a millones, de personas. ¿Por qué no dedicar tu atención al desarrollo del transporte aéreo, en lugar de competir con J.J. Hill y otros por hacerte un hueco en el mundo del ferrocarril de vapor?

Es cierto que si uno es un obrero empleado en el consorcio siderúrgico, tiene muy pocas posibilidades de convertirse en propietario de la planta en la que trabaja; pero también es verdad que, si empiezas a actuar de una Determinada Manera, puedes dejar pronto el empleo en el consorcio siderúrgico; puedes comprar una granja de cuatro a quince hectáreas y dedicarte a la producción de alimentos. Existen grandes oportunidades en este momento para los hombres que viven en pequeñas extensiones de terreno y las cultivan de manera intensiva; tales hombres se harán ricos, sin duda. Tal vez digáis que es imposible que consigáis la tierra, pero voy a demostraros que no es imposible y que podéis conseguir con seguridad una granja si os ponéis a trabajar de Determinada Manera.

En distintos tiempos, la marea de las oportunidades fluye en diferentes direcciones, de acuerdo con las necesidades del conjunto y la etapa particular de evolución social que se ha alcanzado. En la actualidad, en América, se dirige hacia la agricultura y las industrias y profesiones afines. Hoy, la oportunidad se abre para el trabajador de la fábrica en esa línea de acción. Está abierta para el hombre de negocios que abastece al agricultor más que para el que abastece al obrero de la fábrica; y para el profesional que atiende al agricultor más que para el que sirve a la clase obrera.

Hay abundancia de oportunidades para el hombre que va a favor de la marea, en lugar de tratar de nadar contra ella. Así que los trabajadores de las fábricas, ya sea como individuos o como clase, no están desprovistos de oportunidades. Los trabajadores no se ven «retenidos» por sus patronos; no están siendo «maniatados» por los trusts y los manejos del capital. Como clase, están donde están porque no hacen las cosas de una Determinada Manera. Si los trabajadores de América decidieran actuar, podrían seguir el ejemplo de sus hermanos de Bélgica y otros países, y establecer grandes almacenes e industrias cooperativas; podrían elegir a hombres de su propia clase para los cargos rectores y aprobar leyes que favorecieran el desarrollo de tales industrias cooperativas; y, en pocos años, podrían tomar posesión pacífica del campo industrial.

La clase obrera puede convertirse en la clase dominante siempre que empiece a hacer las cosas de una Determinada Manera; la ley de la riqueza es la misma para ellos que para todos los demás. Esto es lo que deben aprender, y continuarán donde están mientras sigan haciendo lo que hacen.

El trabajador individual, sin embargo, no está sujeto por la ignorancia o la pereza mental de su clase; puede seguir la marea de oportunidades hacia la riqueza y este libro le dirá cómo.

Nadie se mantiene sumido en la pobreza por escasez de riquezas; hay más que suficiente para todos. Se podría construir un palacio tan grande como el capitolio de Washington para todas las familias de la tierra solo con el material de construcción de los Estados Unidos; y, si se aplicase un cultivo intensivo, este país produciría lana, algodón, lino y seda suficientes para vestir a cada persona del mundo más finamente de lo que Salomón se atavió en su momento de mayor gloria, junto con alimentos suficientes para alimentarlos a todos a cuerpo de rey.

El suministro visible es prácticamente inagotable y el suministro invisible es realmente inagotable. Todo lo que ves en la tierra está hecho de una sustancia original, de la que proceden todas las cosas.

Constantemente se crean Nuevas Formas y las más antiguas se disuelven; pero todas son formas que adopta Una Cosa. No hay límite en el suministro de la Materia Sin Forma, o Sustancia Original. El universo está hecho de ella, pero no se utilizó toda en la creación del universo. Los espacios dentro, a través y entre las formas del universo visible, están impregnados y llenos de la Sustancia Original; de la Materia Sin Forma; de la materia prima de todas las cosas. Se podría hacer todavía diez mil veces más de lo que se ha hecho, e incluso entonces no habríamos agotado el suministro de materia prima universal. Por tanto, ningún hombre es pobre, porque la naturaleza sea pobre o porque no haya suficiente.

La Naturaleza es un almacén inagotable de riquezas; el suministro nunca se agotará. La Sustancia Original está animada por energía creativa y está produciendo más formas de manera constante. Cuando el material de construcción se agote, se producirá más; cuando el suelo se agote de manera que ya no crezcan en él alimentos y materiales para vestir, se renovará o se creará más suelo. Cuando se haya extraído todo el oro y la plata de la tierra, si el hombre todavía se encuentra en una etapa de desarrollo social tal que necesite oro y plata, se producirá más a partir de la Materia

Sin Forma. La Materia Sin Forma responde a las necesidades del hombre; no dejará que le falte ningún bien. Esto es cierto para el hombre colectivamente; la raza, en su conjunto, es siempre abundantemente rica, y si los individuos son pobres, es porque no siguen la Determinada Manera de hacer las cosas que convierte en rico a hombres determinados.

La Materia Sin Forma es inteligente; es una materia que piensa. Está viva y de continuo se ve impelida a crear más vida. El impulso natural e inherente de la vida es tratar de vivir más; la naturaleza de la inteligencia es ampliarse y la de la conciencia es tratar de extender sus límites, y encontrar una expresión más completa. El universo de las formas ha sido creado por la Sustancia Viva Sin Forma, dirigiéndose hacia la forma en la que expresarse con mayor plenitud.

El universo es una gran Presencia Viviente, que siempre se mueve, de forma inherente, a crear más vida y a tener un funcionamiento más pleno.

La Naturaleza está diseñada para el avance de la vida; su motivo impulsor es el aumento de la vida.

Por esta razón, todo lo que pueda servir a la vida se ve provisto generosamente; no puede haber carencia a menos que Dios se contradiga a sí mismo y anule sus propias obras. No os mantenéis pobres por falta de aporte de riquezas; es un hecho que demostraré un poco más adelante, que incluso los recursos del Suministro Sin Forma están a disposición del hombre o la mujer que actúe y piense de cierta manera.

CAPÍTULO IV

El primer principio de
La ciencia de hacerse rico

E L PENSAMIENTO es el único poder que puede producir riquezas tangibles a partir de la Sustancia Sin Forma. La materia de la que están hechas todas las cosas es una sustancia que piensa, y pensar en una forma, a partir de esta sustancia, produce la forma.

La Sustancia Original se mueve según sus pensamientos; cada forma y proceso que ves en la naturaleza es la expresión visible de un pensamiento surgido en la Sustancia Original. Cuando la Materia Sin Forma piensa en una forma, toma esa forma; cuando piensa en un movimiento, hace ese movimiento. Así es como se crearon todas las cosas. Vivimos en un mundo mental, que es parte de un universo mental. La idea de un universo en movimiento se extendió por toda la Sustancia Sin Forma, y la Materia Pensante, moviéndose según tal idea, tomó la forma de sistemas planetarios y mantiene esa forma. La Sustancia Pensante toma la forma de su pensamiento y se mueve según el pensamiento. Manteniendo la idea de un sistema orbital de soles y mundos, toma la forma de tales cuerpos celestes, y los mueve según su pensamiento. Al pensar en la forma de un roble que crece lentamente, se mueve en consecuencia y produce el árbol, aunque se necesiten siglos para llevar a cabo el trabajo. Al crear, aquello Sin Forma parece moverse de acuerdo con las líneas de movimiento que ha establecido; el pensamiento de un roble no causa la formación instantánea de un árbol completamente desarrollado, pero sí pone en movimiento las fuerzas que producirán el árbol, a lo largo de las líneas de crecimiento establecidas.

Todo pensamiento de forma, mantenido en la Sustancia Pensante, provoca la creación de la forma, pero siempre, o al menos por lo general, a lo largo de líneas de crecimiento y acción ya establecidas.

La idea de una casa construida de cierta forma, si se imprimiera en la Sustancia Sin Forma, podría no causar la formación instantánea de la casa, pero pondría en movimiento las energías creativas que ya están trabajando en el intercambio y el comercio, a través de los canales adecuados, para llevar a cabo la rápida construcción de la casa. Y, si no existieran canales a través de los cuales la energía creadora pudiera trabajar, entonces la casa se formaría directamente a partir de la sustancia primitiva, sin esperar a los lentos procesos del mundo orgánico e inorgánico.

Ninguna idea de forma puede imprimirse en la Sustancia Original sin provocar la creación de tal forma. El hombre es un centro pensante y puede originar la idea. Todas las formas que el hombre modela con sus manos deben existir primero en su cabeza; no puede dar forma a una cosa hasta que la haya ideado.

Y, hasta ahora, el hombre ha limitado sus esfuerzos enteramente al trabajo de sus manos; ha aplicado el trabajo manual al mundo de las formas, buscando cambiar o modificar las ya existentes. Nunca ha pensado en tratar de provocar la creación de nuevas formas imprimiendo sus ideas en la Sustancia Sin Forma.

Cuando el hombre idea una forma, se inspira en las formas de la naturaleza y hace una imagen de la forma que está en su mente. Hasta ahora ha hecho poco o ningún esfuerzo para cooperar con la Inteligencia Sin Forma; para trabajar «con el Padre». No ha soñado que puede «hacer lo que ve hacer al Padre». El hombre remodela y modifica las formas existentes mediante el trabajo manual; no ha prestado atención a la cuestión de si no podría producir cosas a partir de la Sustancia Sin Forma comunicándole sus pensamientos. Nos proponemos demostrar que puede hacerlo; demostrar que cualquier hombre o mujer puede hacerlo, y enseñar cómo.

En primer lugar, debemos establecer tres proposiciones fundamentales. Primero, afirmamos que hay una materia original sin forma, o sustancia, de la que están hechas todas las cosas. Todos los elementos, en apariencia numerosos, no son más que diferentes manifestaciones de un único elemento; todas las formas que se encuentran en la naturaleza orgánica e inorgánica no son más que diferentes formas hechas de la misma materia. Y tal materia es materia pensante; una idea fijada en ella produce la forma a partir de esa idea. La idea, impresa en la sustancia pensante, produce formas. El hombre es un centro pensante, capaz de generar ideas originales; si el hombre puede comunicar su pensamiento a la Sustancia Pensante original, puede provocar la creación, o formación, de la cosa en la que piensa. Para sintetizar todo esto:

Existe una Sustancia Pensante de la que están hechas todas las cosas y que, en su estado original, impregna, penetra y llena los intersticios del universo. Una idea, impresa en esta sustancia, produce aquello que es imaginado por tal idea.

El hombre puede formar cosas en su pensamiento y, al imprimir su idea en la sustancia sin forma, puede hacer que se cree la cosa en la que piensa. Alguien podría preguntar si puedo demostrar estas afirmaciones y yo, sin entrar en detalles, respondo que puedo hacerlo, gracias tanto a la lógica como a partir de la experiencia.

Razonando hacia atrás, a partir de los fenómenos de la forma y la idea, llego a una Sustancia Pensante original; y, razonando hacia adelante, desde esta Sustancia Pensante, llego al poder del hombre para causar la formación de la cosa en la que piensa. Y mediante el experimento, encuentro que el razonamiento es verdadero; y esta es mi prueba más fuerte.

Si un hombre que lee este libro se enriquece haciendo lo que le dice que haga, eso es una prueba en apoyo de mi afirmación; pero, si todo hombre que hace lo que le dice el libro que haga se enriquece, estamos ante una prueba positiva, hasta que alguien pase por el proceso y fracase. La teoría es verdadera hasta que el proceso fracasa; y este proceso no fracasará, porque todo hombre que haga exactamente lo que este libro le dice que haga, se hará rico.

He dicho que los hombres se enriquecen haciendo las cosas de una Determinada Manera; y para ello, los hombres deben llegar a ser capaces de pensar de una Determinada Manera. La manera de hacer las cosas de un hombre es el resultado directo de su manera de pensar. Para hacer las cosas de la manera que quiere hacerlas, tendrá que adquirir la capacidad de pensar de la manera que quiere pensar; este es el primer paso para hacerse rico.

Pensar lo que se quiere pensar es pensar la VERDAD, independientemente de las apariencias.

Todo hombre tiene el poder natural e inherente de pensar lo que quiere pensar, pero requiere mucho más esfuerzo hacerlo que pensar las ideas sugeridas por las apariencias. Pensar según las apariencias es fácil; pensar la verdad sin tener en cuenta las apariencias es laborioso y requiere el gasto de más energía que cualquier otro trabajo que el hombre esté llamado a realizar.

No hay ningún trabajo ante el que la mayoría de la gente se retraiga más que el del pensamiento sostenido y consecutivo; ese es el trabajo más duro del mundo. Esto es especialmente cierto cuando la verdad es contraria a las apariencias. Toda apariencia en el mundo visible tiende a producir una forma correspondiente en la mente del que la observa; y esto solo puede evitarse manteniendo el pensamiento de la VERDAD.

Observar la apariencia de la enfermedad producirá que se sustancie la enfermedad en tu propia mente y, en última instancia, en tu cuerpo, a menos que mantengas el pensamiento de la verdad, que es que no existe enfermedad; ya que esta es solo una apariencia y la realidad es la salud.

Observar las apariencias de la pobreza producirá las formas correspondientes en tu propia mente, a menos que te aferres a la verdad de que no hay pobreza; de que solo hay abundancia.

Pensar en la salud cuando se está rodeado de las apariencias de la enfermedad, o pensar en la riqueza cuando se está en medio de las apariencias de la pobreza, requiere poder; pero quien adquiere este poder se convierte en una MENTE MAESTRA. Puede conquistar el destino; puede tener lo que quiera. Este poder solo puede adquirirse si se asimila el hecho básico que está detrás de todas las apariencias; y ese hecho es que existe una Sustancia Pensante, de la cual y por la cual están hechas todas las cosas.

Entonces, debemos comprender la verdad de que cada pensamiento persistente, centrado en esta sustancia, se convierte en una forma, y que el hombre puede imprimir sus pensamientos en ella de tal manera que los haga tomar forma y convertirse en cosas visibles.

Cuando nos damos cuenta de esto, perdemos toda duda y temor, porque sabemos que podemos crear lo que queremos crear; podemos obtener lo que queremos tener, y podemos llegar a ser lo que queremos ser. Como primer paso para hacerte rico, debes creer en las tres afirmaciones fundamentales ofrecidas anteriormente en este capítulo y que, para enfatizarlas, las repito aquí:

Existe una materia pensante de la que están hechas todas las cosas, y que, en su estado original, impregna, penetra y llena los intersticios del universo. Una idea, impresa en esta sustancia, produce la cosa que es imaginada por tal idea.

El hombre puede formar cosas con sus ideas, y, al imprimir su pensamiento en la sustancia sin forma, puede hacer que se cree la cosa en la que piensa.

Debes dejar de lado todos los demás conceptos del universo que no sean este monismo; y debes insistir en ello hasta que esté fijado en tu mente y se haya convertido en tu pensamiento habitual.

Lee una y otra vez estos postulados del credo; fija cada palabra en tu memoria y medita sobre ellas hasta que creas firmemente en lo que dicen. Si te surge alguna duda, deséchala como si fuera un pecado. No escuches argumentos en contra de esta idea; no vayas a iglesias o conferencias donde se enseñe o predique un concepto contrario sobre estas materias. No leas revistas o libros que enseñen una idea diferente; si te confundes en tu fe, todos tus esfuerzos serán en vano.

No preguntes por qué estas cosas son verdaderas, ni especules sobre cómo pueden serlo; simplemente acéptalas.

La ciencia de hacerse rico comienza con la aceptación absoluta de esta fe.

CAPÍTULO V

Aumentar la vida

Debes desprenderte del último vestigio de la vieja idea de que hay una Deidad cuya voluntad es que tú seas pobre, o a cuyos propósitos puedes servir manteniéndote en la pobreza.

La Sustancia Inteligente que es Todo, y está en Todo, y que vive en Todo y vive en ti, es una Sustancia conscientemente viva. Siendo una sustancia conscientemente viva, debe tener la naturaleza y el deseo, inherentes a toda inteligencia viviente, de aumentar la vida. Todo ser viviente debe buscar continuamente el aumento de su vida, porque la vida, por el mero acto de vivir, debe aumentarse a sí misma. Una semilla que se deja caer en la tierra, se pone en actividad y, en el acto de vivir, produce cien semillas más; la vida, al vivir, se multiplica a sí misma. Siempre se está convirtiendo en más; debe hacerlo, si continúa siendo tal.

La inteligencia sufre esta misma necesidad de aumento continuo. Cada idea que pensamos hace necesario que pensemos otra más; la conciencia se expande continuamente. Cada hecho que aprendemos nos lleva a aprender otro hecho; el conocimiento está en continuo aumento. Cada talento que cultivamos trae a nuestra mente el deseo de cultivar otro talento más; estamos sujetos al impulso de la vida, buscando la expresión de la misma, que siempre nos impulsa a saber más, a hacer más y a ser más. Para saber más, hacer más y ser más, debemos tener más; debemos tener cosas para usar, porque aprendemos, hacemos y nos transformamos solo gracias a que usamos cosas. Debemos enriquecernos para poder vivir más. El deseo de riqueza es simplemente la capacidad de una vida más grande que busca su realización; todo deseo es el esfuerzo en pro de una posibilidad no expresada para entrar en acción. Es el poder que busca manifestarse lo que causa el deseo. Lo que te hace desear más dinero es lo mismo que lo que hace crecer a la planta; es la Vida, buscando una expresión más plena.

La Sustancia Viva Única debe estar sujeta a esta ley inherente a toda vida; está impregnada del deseo de vivir más; por eso está sometida a la necesidad de crear cosas. La Sustancia Única desea vivir más en ti; por eso quiere que tengas todas las cosas que puedas utilizar. El deseo de Dios es que te enriquezcas. Él quiere que te enriquezcas porque puede expresarse mejor a través de ti si tienes muchas cosas para usar y darle expresión. Él puede vivir más en ti si tienes un dominio ilimitado de medios de vida. El universo desea que tengas todo lo que quieres tener.

La naturaleza es favorable a tus planes. Todo es, de forma natural, para ti. Hazte a la idea de que esto es cierto. Es esencial, sin embargo, que tu propósito armonice con el propósito que está en el Todo. Debes desear la vida de verdad, no el mero placer de la gratificación sensual. La vida es el desempeño de una función y el individuo solo vive realmente cuando realiza todas las funciones, físicas, mentales y espirituales, de las que es capaz, sin excesos en ninguna.

No hay que enriquecerse para vivir de forma despreocupada, para gratificar los deseos animales; eso no es la vida. Pero la realización de cada función física forma parte de la vida, y no vive completamente quien niega a los impulsos del cuerpo una expresión normal y saludable.

No pretendas hacerte rico únicamente para disfrutar de los placeres mentales, para obtener conocimientos, para gratificar la ambición, para eclipsar a los demás, para ser famoso. Todo eso es una parte legítima de la vida, pero el hombre que vive solo para los placeres del intelecto solo tendrá una vida parcial, y nunca estará satisfecho con su suerte.

No pretendas enriquecerte solo por el bien de los demás, perderte por la salvación de la humanidad, experimentar las alegrías de la filantropía y el sacrificio. Las alegrías del alma son solo una parte de la vida; y no son mejores ni más nobles que cualquier otra parte.

Buscas enriquecerte para poder comer, beber y alegrarte cuando sea el momento de hacer tales cosas; para poder rodearte de cosas bellas, ver tierras lejanas, alimentar tu mente y desarrollar tu intelecto; para poder amar a los hombres y acometer actos bondadosos, y poder desempeñar un buen papel ayudando al mundo a encontrar la verdad.

Pero recuerda que el altruismo extremo no es mejor ni más noble que el egoísmo extremo; ambos son errores. Deshazte de la idea de que Dios quiere que te sacrifiques por los demás y de que puedes asegurarte su favor haciéndolo; Dios no exige nada de eso.

Lo que quiere es que saques lo mejor de ti mismo, para ti y para los demás; y puedes ayudar más a los demás sacando lo mejor de ti que de cualquier otra manera.

Solo puedes sacar lo mejor de ti mismo enriqueciéndote; por eso es justo y loable que dediques tu pensamiento mejor y más primario a la labor de adquirir riqueza.

Recuerda, sin embargo, que el deseo de la Sustancia es para con todos y que sus movimientos deben ser para otorgar más vida para todos; no se le puede hacer trabajar para causar menos vida en nadie, porque está igualmente en todos, buscando riquezas y vida.

La Sustancia inteligente hará cosas para ti, pero no le quitará cosas a otro para dártelas a ti. Debes deshacerte del concepto de competencia. Debes crear, no competir por lo que ya está creado. No tienes que quitarle nada a nadie. No tienes que hacer tratos leoninos. No tienes que engañar, ni aprovecharte. No tienes que dejar que ningún hombre trabaje para ti por menos de lo que se merece.

No tienes que codiciar la propiedad de otros, ni mirarla con ojos deseosos; ningún hombre tiene nada que tú no puedas tener también, y eso lo puedes obtener sin quitarle lo que tiene.

Debes convertirte en un creador, no en un competidor; vas a conseguir lo que quieres, pero de tal manera que, cuando lo consigas, todos los demás hombres tendrán más de lo que tienen ahora.

Soy consciente de que hay hombres que obtienen una gran cantidad de dinero procediendo de manera del todo contraria a las afirmaciones del párrafo anterior, y puedo añadir una palabra de explicación aquí. Los hombres del tipo plutocrático, que se hacen muy ricos, lo hacen a veces tan solo por su extraordinaria habilidad en el plano de la competencia; y, a veces, se relacionan inconscientemente con la Sustancia en sus grandes propósitos y movimientos para el desarrollo de la especie en su conjunto, a través de la evolución industrial. Rockefeller, Carnegie, Morgan y otros, han sido los agentes inconscientes del Supremo en el necesario trabajo de sistematizar y organizar la industria productiva; y, al final, su trabajo contribuirá de manera sustancial a aumentar la vida para todos. Su era está a punto de terminar; han organizado la producción y pronto les sucederán los agentes de la multitud, que organizarán la maquinaria de la distribución.

Los multimillonarios son como los reptiles monstruosos de las épocas prehistóricas; juegan un papel necesario en el proceso evolutivo, pero el mismo Poder que los produjo se deshará de ellos. Y es bueno tener en cuenta que nunca han sido realmente ricos; un estudio sistemático de la vida privada de la mayoría de esta clase mostrará que realmente han sido los más abyectos y miserables de los pobres.

Las riquezas obtenidas en el plano de la competencia nunca son satisfactorias y permanentes; son tuyas hoy y de otro mañana. Recordad que, si queréis haceros ricos de una manera científica y segura, debéis saliros por completo del pensamiento competitivo. No debes pensar ni por un momento que la oferta es limitada. Tan pronto como empieces a pensar que todo el dinero está siendo «acotado» y controlado por los banqueros y otros, y que debes esforzarte para conseguir que se aprueben leyes que detengan este proceso, etc., en ese momento caerás en la idea competitiva, y tu poder para causar la creación se esfumará de golpe y, lo que es peor, probablemente detendrás los movimientos creativos que ya hayas puesto en marcha.

HAS DE SABER que hay incontables millones de dólares de oro en las montañas de la tierra, que aún no han salido a la luz; y has de saber que si no los hubiera, se crearía más a partir de la Sustancia Pensante, para suplir sus necesidades. Has de saber que el dinero que necesitas vendrá, aunque sea necesario que mañana mil hombres sean inducidos al descubrimiento de nuevas minas de oro.

No te centres nunca en el suministro visible; céntrate siempre en las ilimitadas riquezas de la Sustancia Sin Forma, y SABE que vendrán a ti tan rápido como puedas recibirlas y utilizarlas. Nadie, acaparando el suministro visible, puede impedirte obtener lo que es tuyo.

Así que nunca te permitas pensar ni por un instante que todos los mejores lugares de construcción se verán ocupados antes de que estés listo para construir tu casa, a menos que te apresures. Nunca te preocupes por los trusts y las corporaciones, ni te angusties por temor a que pronto lleguen a poseer toda la tierra.

Nunca tengas miedo de perder lo que deseas, debido a que otra persona «te gane». Eso no puede suceder; no estás buscando ninguna cosa que esté en posesión de otra persona; estás haciendo que lo que quieres sea creado a partir de la Sustancia Sin Forma, y el suministro es ilimitado. Apégate a la afirmación formulada:

«Existe una materia pensante de la que están hechas todas las cosas y que, en su estado original, impregna, penetra y llena los intersticios del universo. Una idea, en esta sustancia, produce la cosa que es imaginada por tal idea.

El hombre puede formar cosas con su pensamiento, y, al imprimir su idea en la Sustancia Sin Forma, puede hacer que se cree la cosa en la que piensa».

CAPITULO VI

Cómo acuden a ti las riquezas

Sɪ afirmo que no tienes que hacer tratos leoninos, no quiero decir con ello que no tengas que implicarte en ninguna negociación en absoluto, o que estés por encima de la necesidad de llevar a cabo cualquier trato con sus semejantes. Quiero decir que no tendrás que tratar con ellos injustamente; que no tienes que obtener algo a cambio de nada, sino que puedes dar a cada hombre más de lo que obtienes de él.

No puedes dar a cada hombre más en valor de mercado, en efectivo, de lo que le sacas, pero puedes darle más en valor de uso que el valor en efectivo de aquello que obtienes de él. El papel, la tinta y otros materiales de este libro pueden no valer el dinero que pagas por él; pero si las ideas que te sugieren te reportan miles de dólares, aquellos que te lo vendieron no te han perjudicado, sino que te han dado un gran valor de uso por un pequeño aporte en efectivo.

Supongamos que poseo un cuadro de uno de los grandes artistas que, en cualquier comunidad civilizada, vale miles de dólares. Lo llevo a la Bahía de Baffin*, y a través de su «venta», induzco a un esquimal a dar a cambio del mismo una paca de pieles, por valor de 500 dólares. En reali-

---

* Mar entre el Atlántico y el Ártico, muy al norte, remoto en la época en la que se escribió este libro *(N. del T.)*.

dad le he perjudicado, porque al esquimal no le sirve de nada el cuadro; no tiene ningún valor de uso para él; no le aportará nada a su vida.

Pero supongamos que le doy una pistola que vale 50 dólares por sus pieles; entonces ha hecho un buen negocio. El arma le será útil, le proporcionará muchas más pieles y mucha comida, le hará la vida más fácil, le hará rico. Cuando te elevas del plano competitivo al plano creativo, puedes analizar tus transacciones comerciales de manera muy estricta y, si le vendes a algún hombre algo que no añade más a su vida que lo que te da a cambio, puedes permitirte no seguir adelante con ello. No tienes que derrotar a nadie en los negocios. Y si estás metido en un negocio que daña a la gente, sal de él de inmediato.

Da a cada hombre más en valor de uso de lo que tomas de él en valor de efectivo; entonces estarás añadiendo a la vida del mundo a través cada transacción que realices en los negocios.

Si tienes gente trabajando para ti, debes tomar de ellos más en valor efectivo de lo que les pagas en salarios; pero puedes organizar vuestro negocio de tal manera que esté lleno del principio de progreso y que cada empleado que lo desee pueda avanzar un poco cada día.

Puedes conseguir que tu empresa haga por tus empleados lo que este libro hace por ti. Puedes dirigir tu empresa de manera que sea una especie de escalera por la que cada empleado que se tome la molestia de ello pueda ascender hasta la riqueza por sí mismo; y, si se le da la oportunidad, en caso de que no lo aproveche, no será culpa vuestra.

Por último, el hecho de que debas provocar la creación de tus riquezas a partir de la Sustancia Sin Forma que impregna todo tu entorno, no significa que deban estas tomar forma a partir del aire y nacer ante tus ojos.

Si deseas una máquina de coser, por ejemplo, no estoy diciéndote que imprimas la idea de una máquina de coser en la Sustancia Mental hasta que la máquina se forme o que la fabriquen, en la habitación en la que estás sentado o en cualquier otro lugar. Pero, si quieres una máquina de coser, mantén la imagen mental de la misma con la certeza más positiva de que se está haciendo, o está en camino hacia ti. Una vez formada la idea, ten la fe más absoluta e incuestionable en que la máquina de coser está llegando; nunca pienses en ella, o hables de ella, de otra manera que no sea como si estuviera asegurado que va a llegar. Reclámala como si ya fuera tuya. La traerá el poder de la Inteligencia Suprema, actuando sobre las mentes de los hombres. Si vives en Maine, puede ser que alguien sea atraído desde Texas, o desde Japón, para realizar alguna transacción que te permita obtener aquello que deseas.

En tal caso, todo el asunto resultará tan ventajoso para esa persona como para ti.

No olvides ni por un momento que la Sustancia Mental lo impregna todo, está en todo, comunicándose con todo, y puede influir en todo. El deseo de la Sustancia Mental, de una vida más plena y mejor, ha causado la creación de todas las máquinas de coser ya fabricadas; y puede causar la creación de millones más, y lo hará, siempre que los hombres la pongan en movimiento mediante el deseo y la fe, y actuando de Determinada Manera.

Ciertamente, puedes tener una máquina de coser en tu casa; y es igual de cierto que puedes tener cualquier otra cosa o cosas que desees, y que las utilizarás para el progreso de tu propia vida y de la de los demás.

No tienes que dudar a la hora de pedir sin reparo; «a vuestro Padre le ha complacido daros el reino», dijo Jesús. La Sustancia Original quiere hacer vivir todo lo que es posible en ti, y quiere que tengas todo lo que puedas o quieras usar para vivir la vida más abundante posible.

Si fijas en tu conciencia el hecho de que el deseo que sientes de poseer riquezas está en consonancia con el deseo de la Omnipotencia de un desarrollo más pleno, tu fe se volverá invencible.

Una vez, vi a un niño pequeño sentado al piano, tratando vanamente de sacar armonía de las teclas; y vi que estaba apenado y alterado por su incapacidad de tocar verdadera música. Le pregunté la causa de su disgusto, y me respondió: «Puedo sentir la música dentro de mí, pero no puedo hacer que mis manos hagan lo correcto». La música en su interior era el impulso de la Sustancia Original, que contiene todas las posibilidades de toda la vida; todo lo que hay de música en ella buscaba expresarse a través del niño.

Dios, la Sustancia Única, está tratando de vivir y hacer y disfrutar de cosas a través de la humanidad. Está diciendo: «Quiero que las manos construyan estructuras maravillosas, que toquen armonías divinas, que pinten cuadros gloriosos; quiero que los pies hagan mis recados, que los ojos vean mis bellezas, que las lenguas digan verdades poderosas y canten canciones maravillosas», etc. Todo lo que hay de posible busca expresarse a través de los hombres. Dios quiere que los que saben tocar música tengan pianos y cualquier otro instrumento, y que dispongan de los medios para cultivar sus talentos al máximo; quiere que los que saben apreciar la belleza puedan rodearse de cosas bellas; quiere que los que saben discernir la verdad tengan todas las oportunidades de viajar y observar; quiere que los que pueden apreciar el vestido estén bellamente vestidos, y que los que pueden apreciar la buena comida estén alimentados de forma regia.

Quiere todas estas cosas porque es Él mismo quien las disfruta y las aprecia; es Dios quien quiere jugar, y cantar, y disfrutar de la belleza, y proclamar la verdad y vestirse con ropas finas, y comer buenos alimentos. «Es Dios quien obra en vosotros el querer y el hacer», dijo Pablo.

El deseo que sientes de riquezas es el infinito, que busca expresarse en ti como buscó expresarse en el niño del piano. Así que no tienes que dudar en pedir sin medida. La parte que te toca hacer es la de focalizar y expresar el deseo a Dios. Este resulta un punto difícil para la mayoría de la gente, ya que conservan algo de la vieja idea de que la pobreza y la abnegación resultan agradables a Dios. Consideran la pobreza como una parte del plan, una necesidad de la naturaleza. Tienen la idea de que Dios ha terminado su obra y de que ha hecho todo lo que puede hacer, y que la mayoría de los hombres deben permanecer pobres porque no hay suficiente para todos. Se aferran tanto a este pensamiento erróneo que se avergüenzan de pedir riqueza; tratan de no querer más que unos recursos muy modestos, lo suficiente para encontrarse bastante cómodos.

Recuerdo ahora el caso de un estudiante al que se le dijo que debía tener en la mente una imagen clara de las cosas que deseaba, para que el pensamiento creativo de las mismas pudiera imprimirse en la Sustancia Sin Forma. Era un hombre muy pobre, que vivía en una casa alquilada, y que solo tenía lo que ganaba de día en día; y no podía comprender el hecho de que toda la riqueza estaba a su disposición.

Así que, después de pensar en el asunto, decidió que podía pedir razonablemente una alfombra nueva para el suelo de su mejor habitación, y una estufa de carbón de antracita para calentar la casa durante los días de frío. Siguiendo las instrucciones de este libro, consiguió tales cosas en pocos meses; y entonces cayó en la cuenta de que no había pedido lo suficiente. Revisó la casa en la que vivía y planificó todas las mejoras que le gustaría hacer en ella; añadió mentalmente un mirador aquí y una habitación allá, hasta que quedó completa en su mente como su casa ideal; y luego planificó su mobiliario.

Manteniendo la imagen completa en su mente, comenzó a vivir de Determinada Manera y a moverse hacia lo que quería; y ahora es dueño de la casa, y la está reconstruyendo según la forma de su imagen mental. Y ahora, con una fe aún mayor, va a conseguir cosas todavía mayores. Le ha sucedido gracias a su fe, y así puede ser para ti y para todos nosotros.

CAPÍTULO VII

Gratitud

L O EXPUESTO en el capítulo precedente habrá transmitido al lector el hecho de que el primer paso a dar para enriquecerse está en transmitir la idea de sus deseos a la Sustancia Sin Forma.

Esto es cierto y verás que, para hacerlo, es necesario relacionarse con la Inteligencia sin Forma de una manera armoniosa.

Asegurar esta relación armoniosa es un asunto de tan primordial y vital importancia que reservaré algún espacio para su discusión aquí y te daré instrucciones que, si las sigues, te llevarán con seguridad a la perfecta unidad de la mente con Dios.

> *Todo el proceso de ajuste y expiación mental puede resumirse en una palabra: gratitud. En primer lugar, creer en la existencia de una Sustancia Inteligente, de la que proceden todas las cosas; en segundo lugar, creer que esta Sustancia te da todo lo que deseas; y en tercer lugar, relacionarte con ella mediante un sentimiento de profunda gratitud.*

Muchas personas que ordenan su vida correctamente, en todos los demás aspectos, permanecen en la pobreza debido a su falta de gratitud. Habiendo recibido un regalo de Dios, cortan las amarras que los conectan con Él, al no prestarle el reconocimiento debido.

Es fácil comprender que, cuanto más próximos vivamos de la fuente de la riqueza, más riqueza recibiremos; y es fácil también comprender que el alma que es siempre agradecida vive en más estrecho contacto con Dios que la que nunca le presta su reconocimiento agradecido. Cuanto más agradecidos sean nuestros pensamientos hacia el Supremo, cuando nos llegan las cosas buenas, más cosas buenas recibiremos, y más rápidamente vendrán a nosotros; y la razón para ello es simplemente que la actitud mental de gratitud pone a la mente en contacto más estrecho con la fuente de la que provienen las bendiciones.

Si resulta nuevo para ti el hecho de que la gratitud lleva a tu mente, por completo, a una armonía más cercana a las energías creativas del universo, considera esta cuestión en profundidad y verás que es cierto.

Las cosas buenas que ya posees te llegan gracias a seguir ciertas leyes. La gratitud conducirá tu mente por los caminos por los que nos vienen los bienes, y te mantendrá en estrecha armonía con el pensamiento creativo y evitará que caigas en el pensamiento competitivo.

Solo la gratitud puede mantenerte alineado con el Todo y evitar que caigas en el error de pensar que la oferta es limitada, ya que hacer eso sería fatal para tus esperanzas. Existe una Ley de la Gratitud, y es absolutamente necesario que la observes, si quieres obtener los resultados que buscas.

La ley de la gratitud es el principio natural de que la acción y la reacción son siempre iguales, y obran en direcciones opuestas. La extensión agradecida de tu mente en alabanza agradecida al Supremo supone una liberación o empleo de fuerza; no puede dejar de alcanzar aquello a lo que se enfoca, y la reacción que provoca es un movimiento instantáneo hacia ti.

«Acércate a Dios, y Él se acercará a ti». Esta es una declaración de verdad psicológica. Y si tu gratitud es fuerte y constante, la reacción en la Sustancia Sin Forma será fuerte y continua; el movimiento de las cosas que quieres será siempre hacia ti. Fíjate en la actitud de agradecimiento que adoptó Jesús; en cómo parece estar diciendo siempre: «Te doy gracias, Padre, porque me escuchas». No puedes ejercer mucho poder sin gratitud; porque es la gratitud la que te mantiene conectado con el Poder.

Pero el valor de la gratitud no consiste únicamente en conseguirte más bendiciones en el futuro. Sin gratitud, no puedes mantenerte por mucho tiempo libre de pensamientos insatisfechos con respecto a las cosas tal como son.

En el momento en que permites que tu mente se detenga insatisfecha en las cosas tal y como son, empiezas a perder terreno. Fijas tu atención en lo común, en lo ordinario, en lo pobre, y en lo miserable y mezquino; y tu mente asume la forma de tales cosas. Entonces, transmitirás estas formas o imágenes mentales al Sin Forma, y lo común, lo pobre, lo miserable y lo mezquino acudirán a ti.

Permitir que tu mente se detenga en lo inferior es volverse inferior y rodearse de cosas inferiores. Por otro lado, fijar tu atención en lo mejor es rodearte de lo mejor y convertirte en lo mejor.

El Poder Creativo en nuestro interior nos convierte en la imagen de aquello a lo que le prestamos nuestra atención. Somos Sustancia Pensante, y la sustancia pensante siempre toma la forma de aquello en lo que piensa. La mente agradecida se fija constantemente en lo mejor; por lo tanto, tiende a convertirse en lo mejor; toma la forma o el carácter de lo mejor, y recibirá lo mejor. Además, la fe nace de la gratitud. La mente agradecida espera continuamente cosas buenas y la expectativa se convierte en fe. La reacción de la gratitud sobre la propia mente produce la fe y cada ola de agradecimiento emitida aumenta la fe. Quien no tiene un sentimiento de gratitud no puede retener por mucho tiempo una fe viva; y, sin una fe viva, no se puede enriquecer por el método creativo, tal como veremos en los siguientes capítulos.

Es necesario, pues, cultivar el hábito de ser agradecido por cada cosa buena que te llega; y dar gracias continuamente. Y como todas las cosas han contribuido a tu avance, debes incluir todas las cosas en tu gratitud.

No malgastes tu tiempo pensando o hablando de los defectos o las acciones erróneas de los plutócratas o los magnates de los trusts. La organización que han hecho del mundo ha creado una oportunidad para ti; todo lo que obtienes te llega en realidad gracias a ellos.

No te enojes contra los políticos corruptos; si no fuera por los políticos, caeríamos en la anarquía, y tus oportunidades se verían muy menguadas. Dios ha trabajado mucho tiempo y con mucha paciencia para llevarnos hasta donde estamos en los campos de la industria y el gobierno, y sigue adelante con su obra. No hay la menor duda de que Él acabará con los plutócratas, los magnates de los trusts, los capitostes de la industria y los políticos tan pronto como estos puedan ser desplazados; pero, mientras tanto, hete aquí que todos son muy buenos. Recuerda que todos ellos están ayudando a organizar las líneas de transmisión a lo largo de las cuales tus riquezas llegarán a ti, por lo que sé agradecido con todos ellos. Esto te hará entrar en relaciones armoniosas con el bien que hay en todo y el bien que hay en todo se moverá hacia ti.

CAPITULO VIII

Pensar de determinada manera

Vuelve al capítulo 6 de este libro y lee de nuevo la historia del hombre que se formó una imagen mental de su casa, y tendrás una idea adecuada del paso inicial que debes dar para hacerte rico. Debes formarte una imagen mental clara y definida de lo que quieres; no puedes transmitir una idea a menos que la tengas tú mismo. Debes tenerla antes de poder trasmitirla y muchas personas no logran imprimirla en la Sustancia Pensante porque ellas mismas solo tienen un concepto vago y nebuloso de las cosas que quieren hacer, tener o llegar a ser.

No basta con albergar un deseo general de riquezas «para hacer el bien»; todo el mundo tiene ese deseo. No basta con tener el deseo de viajar, ver cosas, vivir más, etc. Todo el mundo tiene también esos deseos. Si fueras a enviar un mensaje inalámbrico a un amigo, no le mandarías las letras del alfabeto en su orden, para dejar que él construyera luego el mensaje por sí mismo; tampoco tomarías palabras al azar del diccionario. Enviarías una frase coherente, que significara algo.

Cuando intentes transmitir tus deseos a la Sustancia, recuerda que debes hacerlo mediante una declaración coherente; debes saber lo que quieres y ser definido. Nunca podrás enriquecerte, ni poner en acción el poder creador, enviando anhelos sin forma y deseos vagos.

Repasa tus deseos tal y como el hombre que he descrito repasó su casa; visualiza con exactitud lo que quieres y hazte una clara imagen mental de cómo deseas que sea cuando lo consigas.

Esa imagen mental clara debes tenerla continuamente en mente, como el marinero tiene en mente el puerto hacia el que navega su barco; debes tenerla bien presente todo el tiempo. No debes perderla de vista más de lo que el timonel pierde de vista la brújula.

No es necesario hacer ejercicios de concentración, ni dedicar tiempos especiales para la oración y la afirmación, ni «entrar en el silencio», ni hacer acrobacias ocultas de ningún tipo. Tales cosas están bien, pero todo lo que necesitas es saber lo que quieres, y desearlo lo suficiente como para que permanezca en tus pensamientos.

Dedica todo el tiempo libre que puedas a contemplar tu imagen, pero nadie necesita hacer ejercicios para concentrar su mente en una cosa que realmente desea; son las cosas que no te interesan realmente las que requieren un esfuerzo para fijar tu atención en ellas.

Y, a menos que tú quieras realmente hacerte rico, de modo que el deseo sea lo suficientemente fuerte como para mantener tus pensamientos dirigidos al propósito, como el polo magnético mantiene apuntando la aguja de la brújula, difícilmente valdrá la pena que intentes llevar a cabo las instrucciones que se ofrecen en este libro.

Los métodos aquí expuestos son para personas cuyo deseo de riqueza es lo suficientemente fuerte como para vencer la pereza mental y el amor a la facilidad, y se pongan a trabajar. Cuanto más clara y definida sea tu imagen, y cuanto más te regodees en ella, sacando a relucir todos sus deliciosos detalles, más fuerte será tu deseo; y, cuanto más fuerte sea tu deseo, más fácil te será mantener tu mente fija en la imagen de lo que quieres. Sin embargo, es necesario algo más que ver la imagen con claridad. Si eso es todo lo que haces, no eres más que un soñador, y tendrás poco o ningún poder de llevar a cabo lo que buscas.

Detrás de tu visualización clara, debe hallarse el propósito de llevarla a cabo; de convertirla en algo tangible. Y detrás de este propósito debe haber una FE invencible e inquebrantable en que ese bien ya es tuyo; que lo tienes «a mano» y que solo tienes que tomar posesión del mismo. Vive en la nueva casa mentalmente, hasta que tome forma a tu alrededor de manera física. En la esfera mental, sumérgete de inmediato en el pleno disfrute de las cosas que deseas. «Todo lo que pidáis al orar, creed que lo recibiréis y lo tendréis», dijo Jesús. Visualiza las cosas que deseáis como si estuvieran realmente a tu alrededor todo el tiempo; has de contemplarlas como si las poseyeras y las usaras. Utilízalas en la imaginación, tal como las utilizarás cuando sean tus posesiones tangibles. Reflexiona sobre tu imagen mental hasta que esta sea clara y nítida, y luego adopta la Actitud Mental de Propiedad hacia todo lo que aparece en esa imagen. Toma posesión de ello, en la mente, con la fe plena de que es realmente tuya. Aférrate a esta propiedad mental; no vaciles ni un instante en la fe de que es real.

Y recuerda lo que se dijo en un capítulo anterior sobre la gratitud; sé tan agradecido por recibirla, durante todo el tiempo, tanto como esperas serlo cuando haya tomado forma. El hombre que puede agradecer con sinceridad a Dios por las cosas que todavía posee solo en la imaginación, dispone de una fe real. Se enriquecerá; provocará la creación de todo lo que desee. No es necesario rezar una y otra vez, pidiendo las cosas que se desean; no es necesario decírselo a Dios todos los días.

«No uséis vanas repeticiones como hacen los gentiles», dijo Jesús a sus alumnos, «porque vuestro Padre sabe que tenéis necesidad de estas cosas antes de que se las pidáis».

Lo que tienes que hacer es formular inteligentemente tu deseo de las cosas que hacen una vida más grande, y conseguir que este deseo se organice en un todo coherente; y luego imprimir tal Deseo Total en la Sustancia Sin Forma, que tiene el poder y la voluntad de proveerte de todo lo que quieres.

Tal impresión no se hace repitiendo cadenas de palabras; se hace manteniendo la visión con el inquebrantable PROPÓSITO de alcanzarla, y con la firme FE de que la alcanzas.

La respuesta a la oración no es acorde a tu fe mientras hablas, sino acorde a tu fe mientras actúas.

No puedes imprimir nada en la mente de Dios tomándote un día de asueto religioso para decirle lo que quieres y olvidándote de Él durante el resto de la semana. No se le puede imprimir nada dedicando horas especiales para recogerte y orar, si luego te desentiendes del asunto hasta que llega de nuevo la hora de la oración. La oración de palabra está bien y tiene su efecto, sobre todo en ti mismo, al aclarar tu visión y fortalecer tu fe; pero no son tus peticiones de palabra las que te consiguen lo que quieres. Para enriquecerte no necesitas una «feliz hora de oración»; necesitas «orar sin cesar». Y por oración me refiero a mantener firmemente tu imagen, con el propósito de causar su creación en forma sólida, y tener fe en lo que lo estás haciendo. «Creed que los recibiréis».

Todo el asunto gira en torno a la recepción, una vez que has formado claramente tu imagen. Cuando la hayas formado, es bueno hacer una declaración oral, dirigiéndote al Supremo en reverente oración; y, a partir de ese momento, debes, mentalmente, recibir lo que pides. Vive en la nueva casa; usa la ropa de calidad; viaja en el automóvil; emprende el viaje, y planea con confianza viajes mayores. Piensa y habla de todas las cosas que has pedido en términos de propiedad actual. Imagina un ambiente y una condición financiera exactamente como los quieres, y vive todo el tiempo en ese ambiente y condición financiera imaginarios. Sin embargo, ten en cuenta que no haces esto como un mero soñador y constructor de castillos en el aire; mantén la FE en que lo imaginado se está realizando y ten el PROPÓSITO de realizarlo. Recuerda que es la fe y el propósito en el uso de la imaginación lo que marca la diferencia entre el científico y el soñador. Y habiendo aprendido este hecho, es aquí donde debes aprender el empleo adecuado de la Voluntad.

CAPÍTULO IX

Cómo utilizar la voluntad

Para comenzar a enriquecerte de manera científica, no intentes aplicar tu fuerza de voluntad a nada que no seas tú mismo.

Lo mires como lo mires, no tienes derecho a hacerlo. Es un error aplicar tu voluntad a otros hombres y mujeres con la intención de que hagan lo que tú deseas. Es tan flagrantemente incorrecto coaccionar a las personas por medio del poder mental como lo es coaccionarlas por medio de la fuerza física. Si obligar a las personas por la fuerza física a hacer cosas para ti las reduce a la esclavitud, obligarlas por medios mentales logra exactamente lo mismo; la única diferencia se encuentra en los métodos empleados. Si apoderarse de bienes de la gente por la fuerza física es un robo, tomarlas por la fuerza mental también es un robo; no hay, en principio, ninguna diferencia. No tienes derecho a usar tu fuerza de voluntad sobre otra persona, ni siquiera «por su propio bien»; porque no sabes lo que es por su bien. La ciencia de enriquecerse no requiere que apliques el poder o la fuerza a cualquier otra persona, de ninguna manera. No hay la más mínima necesidad de hacerlo; de hecho, cualquier intento de usar tu voluntad sobre otros solo tenderá a frustrar tu propósito.

No necesitas aplicar tu voluntad a las cosas para obligarlas a venir a ti. Eso sería tan sencillo como tratar de coaccionar a Dios, y tal acto sería tonto e inútil, además de irreverente. No tienes que obligar a Dios a que te dé cosas buenas como tampoco tienes que usar tu fuerza de voluntad para que salga el sol.

No tienes que usar tu fuerza de voluntad para imponerte a una deidad hostil, o para hacer que las fuerzas obstinadas y rebeldes cumplan tus órdenes.

La Sustancia es amigable contigo, y está más ansiosa por darte lo que quieres que tú por conseguirlo. Para enriquecerte, solo necesitas usar tu fuerza de voluntad sobre ti mismo. Una vez que sepas lo que debes pensar y hacer, entonces, deberás usar tu voluntad para obligarte a pensar y hacer las cosas correctas. Ese es el uso legítimo de la voluntad para conseguir lo que quieres: utilizarla para mantenerte en el camino correcto. Utiliza tu voluntad para mantenerte pensando y actuando de Determinada Manera.

No intentes proyectar tu voluntad, o tus pensamientos, o tu mente hacia el espacio, para «actuar» sobre cosas o personas. Mantén tu cabeza puesta en casa; puede lograr más allí que en otro lugar. Utiliza tu mente para formar una imagen mental de lo que quieres, y para mantener tal visión con fe y propósito; y utiliza tu voluntad para mantener tu mente trabajando de Determinada Manera.

Cuanto más firmes y continuos sean tu fe y tu propósito, más rápidamente te enriquecerás, porque solo harás impresiones POSITIVAS sobre la Sustancia; y no las neutralizarás o compensarás con impresiones negativas.

La imagen de tus deseos, sostenida con fe y propósito, es asumida por lo Sin Forma, y la impregna a grandes distancias; a través del universo, hasta donde yo sé. A medida que esta impresión se difunde, todas las cosas se ponen en movimiento hacia su realización; cada cosa viva, cada objeto inanimado, e incluso las cosas aún no creadas, se mueven con el objetivo de materializar de lo que quieres. Toda la fuerza comienza a ejercerse en esa dirección; todas las cosas comienzan a moverse hacia ti. Las mentes de las personas, en todas partes, se ven influenciadas para hacer lo que pueda ser necesario para el cumplimiento de tus deseos; y trabajan para ti de manera inconsciente.

Pero puedes comprobar todo esto iniciando una impresión negativa en la Sustancia Sin Forma. La duda o la incredulidad resultan tan seguras a la hora de iniciar un movimiento de alejamiento como la fe y el propósito lo son para iniciar uno hacia ti. Es por no entender esto que fracasa la mayoría de la gente que trata de hacer uso de la «ciencia mental» para hacerse rico. Cada hora y cada momento que malgastas en alimentar las dudas y temores, cada hora que gastas en la preocupación, cada hora en que tu alma está poseída por la incredulidad, establece una corriente que te aparta de la plenitud del dominio de la Sustancia inteligente. La totalidad de lo prometido es para los que creen, y solo para ellos. Fijaos en lo insistente que fue Jesús en este punto de la creencia; y ahora sabéis la razón.

Puesto que la creencia es lo más importante, os corresponde vigilar vuestros pensamientos y, como vuestras creencias serán moldeadas en gran medida por las cosas que observáis y pensáis, es importante que dominéis vuestra atención. Y aquí entra en juego la voluntad, porque es por medio de la misma que determináis en qué cosas debe fijarse vuestra atención.

> *Si quieres ser rico, no debes centrar tu atención en la pobreza.*

Las cosas no se hacen realidad pensando en sus opuestos. La salud nunca se alcanza estudiando la enfermedad y pensando en la enfermedad; la rectitud no se promueve estudiando el pecado y pensando en el pecado; y nadie se ha hecho rico estudiando la pobreza y pensando en la pobreza.

La medicina, como ciencia de la enfermedad, ha aumentado la enfermedad; la religión, como ciencia del pecado, ha promovido el pecado, y la economía, como estudio de la pobreza, llenará el mundo de miseria y necesidad.

No hables de la pobreza; no la investigues, ni te preocupes por ella. No te preocupes por sus causas; no tienes nada que ver con ellas.

Lo que te preocupa es la cura. No gastes tu tiempo en obras de caridad, ni en movimientos de caridad; toda caridad solo tiende a perpetuar la miseria que pretende erradicar.

No digo que seas duro de corazón o antipático, y que te niegues a escuchar el clamor de la necesidad; pero no debéis tratar de erradicar la pobreza de ninguna de las maneras convencionales. Deja atrás la pobreza, deja atrás todo lo que se refiere a ella, y «haced el bien».

Hazte rico; esa es la mejor manera en que puedes ayudar a los pobres. Y no puedes mantener la imagen mental que te hará rico si llenas tu mente con imágenes de pobreza. No leas libros o periódicos que den cuenta de la miseria de los habitantes de los patios de vecindad, de los horrores del trabajo infantil, etc. No leas nada que llene tu mente con imágenes sombrías de necesidad y sufrimiento.

No se puede ayudar a los pobres en lo más mínimo centrándonos en tales cosas; y el conocimiento generalizado de las mismas no tiende en absoluto a eliminar la pobreza.

Lo que tiende a acabar con la pobreza no es el hecho de introducir imágenes de pobreza en tu mente, sino de introducir imágenes de riqueza en la mente de los pobres. No estás abandonando a los pobres a su miseria cuando te niegas a permitir que tu mente se llene de imágenes de dicha miseria.

Se puede acabar con la pobreza, no aumentando el número de personas acomodadas que piensan en la pobreza, sino aumentando el número de pobres que se proponen con fe hacerse ricos.

Los pobres no necesitan caridad, necesitan inspiración. La caridad solo les envía una barra de pan para mantenerlos vivos en su miseria, o les da un entretenimiento para hacerlos olvidar por una o dos horas; pero la inspiración los hará salir de su miseria.

Si quieres ayudar a los pobres, demuéstrales que pueden enriquecerse; demuéstralo haciéndote rico tú mismo. La única manera de desterrar la pobreza de este mundo es conseguir que un gran número de personas, cada vez mayor, ponga en práctica las enseñanzas de este libro.

> *Hay que enseñar a la gente a enriquecerse mediante la creación, no mediante la competencia.*

Todo hombre que se enriquece gracias a la competencia tira tras de sí la escalera por la que sube, y mantiene a otros abajo; pero todo hombre que se enriquece por la creación abre un camino para que miles lo sigan, y los inspira a hacerlo.

No estás mostrando dureza de corazón o una disposición insensible cuando te niegas a compadecerte de la pobreza, a ver la pobreza, a leer sobre la pobreza, o a pensar o hablar sobre ella, o a escuchar a los que hablan de ella.

> *Usa tu fuerza de voluntad para mantener tu mente APARTADA del tema de la pobreza, y para mantenerla fija con fe y propósito en la visión de lo que quieres.*

CAPITULO X

El empleo adicional de la voluntad

No se puede retener una visión verdadera y clara de la riqueza si uno pone constantemente la atención en imágenes opuestas, ya sean externas o imaginarias. No cuentes tus problemas pasados de naturaleza financiera, si los has tenido; no pienses en ellos en absoluto. No relates la pobreza de tus padres o las dificultades de tu vida temprana; hacer cualquiera de estas cosas es clasificarte mentalmente entre los pobres, en el presente, y sin duda alguna frenará el movimiento de las cosas en tu dirección. «Deja que los muertos entierren a sus muertos», como dijo Jesús. Deja atrás por completo la pobreza y todo lo que tiene que ver con ella.

Habéis aceptado una determinada teoría del universo como correcta y estáis haciendo reposar todas vuestras esperanzas de felicidad en que sea la acertada; así pues, ¿qué podéis ganar prestando atención a las teorías que entran en colisión con ella?

No leas libros religiosos que te digan que el mundo se va a acabar pronto y no leas lo que escriben los filósofos pesimistas que te dicen que todo se va al diablo.

El mundo no se va al diablo; se va a Dios. Nos espera un maravilloso porvenir.

Es cierto que puede haber muchas cosas desagradables en las condiciones existentes, pero ¿de qué sirve estudiarlas cuando con toda certeza van a desaparecer, y cuando su estudio solo tiende a frenar su tránsito y a mantenerlas con nosotros? ¿Por qué dedicar tiempo y atención a las cosas que están siendo eliminadas por el crecimiento evolutivo, cuando se puede acelerar dicha eliminación tan solo promoviendo el crecimiento evolutivo en la medida en que se pueda? Por muy horribles que parezcan las condiciones en las que están sumidos ciertos países, zonas o localidades, pierdes tu tiempo y destruyes tus propias oportunidades al poner tu atención en ellas.

Deberías interesarte en que el mundo se enriquezca.

Piensa en la opulencia a la que el mundo está llegando, en lugar de la pobreza de la que está saliendo; y ten en cuenta que la única manera en que puedes ayudar al mundo a enriquecerse es haciéndote tú mismo rico a través del método creativo, no del competitivo.

Dedica toda tu atención a la riqueza; ignora la pobreza. Cada vez que pienses o hables de los pobres, piensa y habla de ellos como de unos que se están enriqueciendo y a los que hay que felicitar en lugar de compadecer. Entonces ellos y los demás captarán la inspiración y empezarán a buscar la salida.

El hecho de que yo diga que debes dedicar todo tu tiempo, tu mente y tus pensamientos a la riqueza, no significa que debas ser sórdido o mezquino.

Hacerse realmente rico es el objetivo más noble que se puede tener en la vida, porque incluye todo lo demás.

En el plano competitivo, la lucha por enriquecerse es un combate impío por obtener poder sobre otros hombres; pero, cuando entramos en la mente creativa, todo esto cambia. Todo lo que es posible, en el camino de la grandeza y el desenvolvimiento del alma, del servicio y del esfuerzo elevado, viene por la vía de enriquecerse; todo se hace posible por el uso de los bienes. Si te falta la salud física, verás que su consecución está condicionada a que te enriquezcas.

Solo aquellos que se emancipan de las preocupaciones financieras y que tienen los medios para vivir una existencia sin preocupaciones, y seguir prácticas higiénicas, pueden tener y conservar la salud.

La grandeza moral y espiritual solo es posible para aquellos que están por encima de la batalla competitiva por la existencia; y solo los que se enriquecen en el plano del pensamiento creativo se ven libres de las influencias degradantes de la competencia.

Si tu corazón está atento a la felicidad doméstica, recuerda que el amor florece mejor donde existe refinamiento, un alto nivel de pensamiento y libertad de influencias corruptoras; y esto se encuentra solo donde la riqueza se alcanza mediante el ejercicio del pensamiento creativo, sin lucha ni rivalidad.

No puedes aspirar a nada tan grande o noble, repito, como llegar a ser rico; y debes fijar tu atención en tu imagen mental sobre la riqueza, excluyendo todo lo que pueda tender a oscurecer la visión. Debes aprender a ver la VERDAD subyacente en todas las cosas; debes apreciar, por debajo de todas las condiciones aparentemente erróneas, la Gran Vida Única que siempre avanza hacia una expresión más plena y una felicidad más completa. Es la verdad que no existe la pobreza; que solo existe la riqueza.

Algunas personas permanecen en la pobreza porque ignoran el hecho de que existe riqueza también para ellas; y a estas se les puede enseñar mejor mostrándoles el camino mediante el que conseguir que afluyan a su propia persona y vida.

Otros son pobres porque, aunque sienten que existe una salida, son demasiado indolentes en lo intelectual como para hacer el esfuerzo mental necesario para encontrar ese camino y recorrerlo; y, en lo que a ellos respecta, lo mejor que puedes hacer es despertar su deseo mostrándoles la felicidad que proviene de ser justamente ricos.

Otros más también son pobres porque, aunque tienen alguna noción de la ciencia, se han empantanado y perdido tanto en el laberinto de las teorías metafísicas y ocultistas que no saben qué camino tomar. Ensayan una mezcla de muchos sistemas y fracasan en todos. De nuevo, lo mejor que se puede hacer por ellos es mostrarles el camino correcto en sí mismos y en su puesta en práctica; un gramo de hacer las cosas vale más que un kilo de teorizar.

> *Lo mejor que puedes hacer por el mundo entero es sacar lo mejor de ti mismo.*

No puedes servir a Dios y a los hombres de manera más eficaz que enriqueciéndote; es decir, si te enriqueces por el método creativo y no por el competitivo. Y otra cosa. Afirmamos que este libro da en detalle los principios de la ciencia de hacerse rico; y, si tal cosa es cierta, no necesitas leer ningún otro libro sobre el tema. Esto puede sonar simple y egoísta, pero considera la cuestión: no hay método más científico de cálculo en las matemáticas que la suma, la resta, la multiplicación y la división; no hay otro método posible. Solo puede haber una distancia más corta entre dos puntos. Solo hay una manera de pensar científicamente: centrarse en el camino que lleva por la ruta más directa y sencilla a la meta. Ningún hombre ha formulado aún un «sistema» más breve o menos complejo que el que aquí se expone; se le ha despojado de todo lo no esencial. Cuando empieces con esto, deja de lado todo lo demás; sácalo de tu mente por completo.

Lee este libro todos los días; interiorízalo; guárdalo en la memoria y no pienses en otros «sistemas» y teorías. Si lo haces, empezarás a albergar dudas, y a estar inseguro y vacilante en tu pensamiento; y entonces empezarás a cometer fracasos.

Después de haber hecho el bien y haberte enriquecido, puedes estudiar otros sistemas, tantos como te plazca; pero, hasta que no estés completamente seguro de haber obtenido lo que deseas, no leas nada en esta línea que no sea este libro, a menos que se trate de los autores mencionados en el Prefacio.

Y lee solo los comentarios más optimistas sobre las noticias del mundo; los que estén en armonía con tu imagen. Además, pospón tus investigaciones sobre lo oculto. No te metas en la teosofía, el espiritismo o estudios afines. Es muy probable que los muertos aún vivan y estén cerca; pero si lo están, déjalos en paz; ocúpate de tus propios asuntos. Dondequiera que estén los espíritus de los muertos, tienen su propio trabajo que hacer y sus propios problemas que resolver, y no tenemos derecho a interferir con ellos. No podemos ayudarles y es muy dudoso que ellos puedan ayudarnos, o que tengamos derecho a robarles su tiempo, aunque pudieran prestarnos esa ayuda. Deja a los muertos y al Más Allá en paz, y resuelve tus propios problemas; hazte rico. Si empezáis a mezclaros con lo oculto, iniciaréis corrientes cruzadas mentales que seguramente harán naufragar vuestras esperanzas. Así pues, esto, y lo expuesto en los capítulos anteriores, nos llevan a la siguiente declaración de hechos básicos:

Existe una materia pensante de la que están hechas todas las cosas y que, en su estado original, impregna, penetra y llena los intersticios del universo. Una imagen, en tal sustancia, produce la cosa que es imaginada por el pensamiento.

El hombre puede formar cosas en su pensamiento y, al imprimir su pensamiento en la sustancia sin forma, puede hacer que se cree la cosa en la que piensa. Para hacer esto, el hombre debe pasar de la mente competitiva a la mente creativa; debe formarse una imagen mental clara de las cosas que quiere y mantener esta imagen en sus pensamientos con el PROPÓSITO fijo de conseguir lo que quiere y con FE inquebrantable en que conseguirá lo que quiere, cerrando su mente a todo lo que pueda tender a debilitar su propósito, oscurecer su visión o apagar su fe.

Y además de todo esto, ahora veremos que debe vivir y actuar de una Determinada Manera.

CAPITULO XI

Actuando de Determinada Manera

E L PENSAMIENTO es el poder creativo, o la fuerza impulsora que hace que el poder creativo se ponga a actuar; pensar de una Determinada Manera atraerá riquezas hacia ti, pero no debes confiar en el pensamiento tan solo, sin prestar atención a la acción personal. Ese es el escollo en el que naufragan muchos pensadores metafísicos, por lo demás científicos, al no conectar el pensamiento con la acción personal. Aún no hemos alcanzado la etapa de desarrollo, incluso suponiendo que dicha etapa sea posible, en la que el hombre pueda crear directamente a partir de la Sustancia Sin Forma, sin los procesos de la naturaleza o el trabajo de las manos humanas; el hombre no solo debe pensar, sino que su acción personal debe complementar su pensamiento.

Mediante el pensamiento puedes hacer que el oro oculto en el corazón de las montañas se vea impulsado hacia ti; pero no se extraerá por sí mismo, ni se refinará, ni se acuñará en águilas dobles**, ni vendrá rodando por los caminos, buscando su ruta hacia tu bolsillo.

Bajo el poder impulsor del Espíritu Supremo, los asuntos de los hombres se ordenarán de tal manera que alguien se verá inducido a extraer el

---

** Entre 1907 y 1933 circuló en los Estados Unidos una moneda de oro de 20 dólares con un águila doble *(N. del T.)*.

oro para ti; las transacciones comerciales de otros hombres se encauzarán de tal manera que el oro será llevado hasta ti, y tú debes arreglar tus propios asuntos comerciales de tal manera que puedas recibirlo cuando te llegue. Tu pensamiento hace que todas las cosas, animadas e inanimadas, trabajen para traerte lo que deseas; pero tu actividad personal debe ser tal que puedas recibir correctamente lo que quieres cuando te llegue. No debes recibirlo como caridad, ni robarlo; debes dar a cada hombre más en valor de uso que lo que te da en valor monetario.

El empleo científico del pensamiento consiste en formar una imagen mental clara y distintiva de lo que quieres; en mantener el propósito de conseguir lo que quieres y en aceptar con fe agradecida que consigues lo que quieres.

No trates de «proyectar» tu pensamiento de cualquier manera mistérica u ocultista, con la idea de tener que este entre en acción y actúe por ti, ya que todo eso es un esfuerzo inútil y se debilitará tu capacidad de pensar con cordura.

La forma en la que actúa el pensamiento para enriquecerte se explica por completo en los capítulos anteriores; tu fe y tu propósito imprimen de manera positiva tu imagen en la Sustancia Sin Forma, que tiene el MISMO DESEO DE MÁS VIDA QUE TÚ TIENES; y esa imagen que recibe de ti pone en marcha todas las fuerzas creativas DENTRO Y A TRAVÉS DE SUS CANALES REGULARES DE ACCIÓN, pero dirigidos a ti.

> *No te toca a ti guiar o supervisar el proceso creativo; todo lo que tienes que hacer con eso es retener tu visión, apegarte a tu propósito, y mantener tu fe y gratitud.*

Pero debes actuar de una DETERMINADA MANERA, para que puedas entrar en posesión de lo que es tuyo cuando llegue a ti; para que puedas encontrarte con las cosas que tienes en tu imaginación y ponerlas en el lugar apropiado a medida que vayan llegando. Puedes ver con certeza la verdad de todo esto. Cuando las cosas lleguen a ti, estarán en manos de otros hombres, que pedirán un equivalente por ellas.

Y tú solo puedes conseguir lo que es tuyo dando al otro lo que es suyo. Tu cartera no se va a transformar en una saca inagotable que estará siempre llena de dinero, sin esfuerzo alguno por tu parte.

Este es el punto crucial en la ciencia de hacerse rico; está justo aquí, donde deben combinarse el pensamiento y la acción personal. Hay muchas personas que, consciente o inconscientemente, ponen en acción las fuerzas creadoras gracias la fuerza y a la persistencia de sus deseos, pero que siguen siendo pobres porque no prevén la recepción de la cosa que desean cuando esta llega.

Por el pensamiento, aquello que deseas se ve atraído hacia ti, y por la acción lo recibes.

Cualquiera que sea la acción a realizar, es evidente que debes actuar AHORA. No puedes actuar en el pasado y es esencial, para la claridad de tu visión mental, que descartes el pasado de tu mente. No puedes actuar en el futuro, porque el futuro aún no ha llegado. Y no puedes decir cómo querrás actuar en cualquier contingencia futura hasta que esa contingencia se haya presentado.

Si no estás en el negocio correcto, o en el ambiente correcto en la actualidad, no pienses que debes posponer la acción hasta que entres en el negocio o ambiente correctos. Y no pases el tiempo en el presente pensando en cómo actuar mejor ante posibles emergencias futuras; te fe en su capacidad para hacer frente a cualquier emergencia que pueda presentarse.

> *Si actúas en el presente con la mente puesta en el futuro, tu acción presente se realizará con la mente dividida y no será efectiva.*

Pon toda tu cabeza en la acción presente. No regales tu impulso creativo a la Sustancia Original para luego sentarte a esperar los resultados; si lo haces, nunca los obtendrás. Actúa ahora. Nunca hay otro momento más que ahora, y nunca habrá otro momento más que ahora. Si quieres empezar a prepararte para recibir lo que quieres, debes empezar ahora.

Y tu acción, cualquiera que sea, debe llevarse a cabo muy probablemente en tu negocio o empleo actual, y debe ser sobre las personas y cosas que están en tu entorno actual. No puedes actuar donde no estás; no puedes actuar donde has estado y no puedes actuar allí donde vas a estar; solo puedes actuar en el lugar donde estás. No te preocupes por si el trabajo de ayer estuvo bien o mal hecho; haz bien el trabajo de hoy. No intentes hacer ahora el trabajo de mañana; ya habrá tiempo de sobra para hacerlo cuando llegues a él.

No intentes, por medios ocultos o místicos, actuar sobre personas o cosas que están fuera de tu alcance. No esperes a que se produzca un cambio en el entorno, antes de actuar; consigue un cambio en el entorno mediante la acción.

Tú puedes actuar sobre el ambiente en el que te encuentra ahora, para trasladarte a un ambiente mejor.

Mantén con fe y propósito la visión de ti mismo situado en ese entorno mejor, pero actúa en tu entorno actual con todo tu corazón y con toda tu fuerza, y con toda tu mente.

No pases nada de tiempo soñando despierto o construyendo castillos en el aire; mantén la única visión de lo que quieres y actúa AHORA.

No andes buscando alguna cosa nueva que hacer, o alguna acción extraña, inusual o notable, que realizar como primer paso para hacerte rico. Es probable que tus acciones, al menos durante algún tiempo, sean las que has estado realizando durante cierto tiempo en el pasado; pero debes comenzar ahora a realizar tales acciones de Determinada Manera, que seguramente te harán rico.

Si te dedicas a algún negocio y sientes que no es el adecuado para ti, no esperes a entrar en el negocio adecuado para empezar a actuar.

No te sientas desanimado, ni te lamentes porque estás desubicado. Ningún hombre ha estado nunca tan desubicado como para no poder encontrar el lugar correcto, y ningún hombre se ha involucrado tanto en el negocio equivocado como para no poder entrar en el negocio correcto.

Mantén la visión de ti mismo en el negocio correcto, con el propósito de entrar en él, y mantén la fe de que entrarás en él, y estás entrando en él; pero ACTÚA en tu negocio actual. Utiliza tu negocio actual como medio para conseguir uno mejor y utiliza tu entorno actual como medio para entrar en uno mejor. Tu visión del negocio correcto, si la mantienes con fe y propósito, hará que el Supremo mueva el negocio correcto hacia ti; y tu acción, si la realizas de la manera correcta, hará que te muevas hacia tal negocio.

Si eres un empleado, o un asalariado, y sientes que debes cambiar de lugar para obtener lo que deseas, no «proyectes» tu pensamiento en el espacio ni confíes en que eso te conseguirá otro trabajo. Es probable que no lo consigas. Mantén la visión de ti mismo en el trabajo que quieres, mientras ACTÚAS con fe y propósito en el trabajo que tienes, y ciertamente conseguirás el trabajo que quieres.

Tu visión y tu fe pondrán en marcha la fuerza creativa para atraerlo hacia ti y tu acción hará que las fuerzas de tu propio entorno te muevan hacia el lugar que deseas. Para cerrar este capítulo, añadiremos otra afirmación a nuestro programa de estudios:

> Existe una materia pensante de la que están hechas todas las cosas y que, en su estado original, impregna, penetra y llena los intersticios del universo. Un pensamiento, en esta sustancia, produce la cosa que es imaginada por el pensamiento.
>
> El hombre puede formar cosas en su pensamiento, y, al imprimir su pensamiento en la sustancia sin forma, puede hacer que se cree la cosa en la que piensa. Para hacer esto, el hombre debe pasar de la mente competitiva a la mente creativa; debe formar una imagen mental clara de las cosas que quiere, y mantener esta imagen en sus pensamientos con el PROPÓSITO fijo de conseguir lo que quiere, y con inquebrantable FE de que obtendrá lo que quiere, cerrando su mente a todo lo que pueda tender a hacer tambalearse su propósito, oscurecer su visión o apagar su fe. Para que pueda recibir lo que quiere cuando llegue, el hombre debe actuar AHORA sobre las personas y las cosas de su entorno actual.

CAPÍTULO XII

Acción eficaz

Debes utilizar tu pensamiento tal y como se indica en los capítulos anteriores y empezar a hacer lo que puedas hacer donde estés; y debes hacer el MÁXIMO que puedas hacer donde estés.

Puedes progresar tan solo para ser más grande de lo que ya lo eres en tu puesto actual, y ningún hombre es más grande de lo que su puesto actual le permite, si no desempeña cualquiera de las labores que le corresponden a ese puesto en concreto.

El mundo solo avanza gracias a aquellos que desbordan los puestos que ocupan en el presente. Si ningún hombre ocupa del todo el puesto que tiene en el presente, es obvio que debe producirse un retroceso en todos los sentidos. Aquellos que no ocupan los puestos que tienen son unos pesos muertos para la sociedad, el gobierno, el comercio y la industria, y sus obligaciones deben asumirlas otros a un alto coste. El progreso del mundo se ve retrasado solo por culpa de aquellos que no colman los lugares en los que están presentes; tales personas pertenecen a una época anterior y a una etapa o plano de vida inferior, y su tendencia es a la degeneración. Ninguna sociedad podría avanzar si cada hombre fuera más pequeño que su puesto; la evolución social está guiada por la ley de la evolución física y mental. En el mundo animal, la evolución es causada por el exceso de vida.

Cuando un organismo contiene más vida de la que puede expresarse en las funciones de su propio plano, desarrolla los órganos de un plano superior y se origina una nueva especie. Nunca habrían existido nuevas especies si no hubiese habido organismos que llenasen con creces los puestos que ocupaban. La ley es exactamente la misma para ti: tu enriquecimiento depende de que apliques este principio a tus propios asuntos.

Cada día es un día de éxito o un día de fracaso, y son los días de éxito los que te dan aquello que quieres. Si cada día resulta un fracaso, nunca podrás hacerte rico; mientras que si cada día es un éxito, no podrás dejar de hacerte rico. Si hay algo que puede hacerse hoy, y no lo haces, has fracasado en lo que a esa materia se refiere y las consecuencias pueden ser más desastrosas de lo que imaginas.

No puedes prever los resultados del acto más trivial; no conoces el funcionamiento de todas las fuerzas que se han puesto en movimiento a tu favor. Mucho puede depender de que lleves a cabo un acto sencillo; puede ser la cosa misma que va a abrir la puerta de la oportunidad a posibilidades muy grandes. Nunca puedes saber todas las combinaciones que la Inteligencia Suprema está haciendo para ti en el mundo de las cosas y de los asuntos humanos; tu negligencia o fracaso para hacer alguna pequeña acción puede causar un largo retraso en conseguir lo que quieres. Haz, cada día, TODO lo que se pueda hacer en ese día. Existe, sin embargo, una limitación o matización de lo anterior que debes tener en cuenta.

No debes trabajar en exceso, ni precipitarte a ciegas en tu negocio, en un esfuerzo por hacer el mayor número posible de cosas en el menor tiempo posible. No hay que intentar hacer hoy el trabajo de mañana, ni hacer en un día el trabajo de una semana.

En realidad, lo que cuenta no es el número de acciones que realizas, sino la EFICACIA de cada acción por separado. Cada acto es, en sí mismo, un éxito o un fracaso. Cada acto es, en sí mismo, eficaz o ineficaz. Cada acto ineficiente es un fracaso, y si te pasas la vida haciendo actos ineficientes, toda tu vida será un fracaso.

Cuantas más acciones realices, tanto peor será para ti si todos tus actos son ineficientes. Por otro lado, cada acto eficiente es un éxito en sí mismo y, si cada acto de tu vida es eficiente, toda tu vida DEBE ser un éxito.

> *La causa del fracaso es hacer demasiadas cosas de manera ineficiente y no hacer suficientes cosas de manera eficiente.*

Verás que es una proposición evidente la de que, si no haces ningún acto ineficiente, y si haces un número suficiente de actos eficientes, te harás rico. Si, ahora, es posible hacer que cada acto sea eficiente, podrás apreciar de nuevo que la obtención de riquezas se reduce a una ciencia exacta, como las matemáticas. La cuestión se centra, por tanto, en si puedes hacer que cada acto por separado sea un éxito en sí mismo. Y esto sí que se puede conseguir.

Puedes hacer que cada acto sea un éxito, porque TODO el Poder está trabajando contigo y TODO el Poder no puede fallar. El poder está a tu servicio y, para hacer que cada acto sea eficiente, solo tienes que poner poder en él.

Cada acción es fuerte o débil; y, cuando cada una de esas acciones es fuerte, estás actuando de la Determinada Manera que te hará rico.

Cada acto puede llevarse a cabo de manera fuerte y eficiente manteniendo tu visión mientras lo haces, y poniendo todo el poder de tu FE y PROPÓSITO en la misma.

Es en este punto donde fallan las personas que separan el poder mental de la acción personal. Utilizan el poder de la mente en un lugar y en un momento, y actúan a otro ritmo y en otro momento. Así que sus actos no resultan exitosos por sí mismos; muchos de los mismos son ineficientes. Pero si TODO el Poder interviene en cada acción, no importa lo corriente que esta sea, cada acción será un éxito en sí mismo y, como en la naturaleza de las cosas está el que cada éxito abra el camino a otros éxitos, tu progreso hacia lo que quieres, y el progreso de lo que quieres atraer hacia ti, será cada vez más rápido.

Recuerda que la acción exitosa es acumulativa en cuanto a sus resultados. Puesto que el deseo de más vida es inherente a todas las cosas, cuando un hombre comienza a moverse hacia una vida más grande, más elementos se le suman y la influencia de su deseo se multiplica.

Haz, cada día, todo lo que puedas hacer ese día, y lleva a cabo cada acto de manera eficiente.

Al decir que debes mantener tu visión mientras realizas cada acto, por muy trivial o común que sea, no quiero decir que sea necesario visualizar en todo momento la imagen que tienes con una claridad que llegue hasta sus más mínimos detalles. Debes tener el empeño, durante las horas de ocio, de usar tu imaginación para perfilar los detalles de tu visión y contemplarlos hasta que estén fijados con firmeza en la memoria. Si deseas resultados rápidos, dedica prácticamente todo tu tiempo libre a esta práctica.

Por medio de la contemplación continua, conseguirás que la imagen de lo que quieres, incluso en los detalles más pequeños, se fije tan firmemente en tu mente, y se transfiera tan completamente a la mente de la Sustancia Sin Forma, que en tus horas de trabajo solo necesitarás referirte mentalmente a la imagen para conseguir estimular tu fe y tu propósito, y podrás conseguir así optimizar tu esfuerzo. Contempla tu imagen durante tus horas de ocio hasta que tu conciencia esté tan llena de ella que puedas captarla al instante. Te entusiasmarás tanto con sus brillantes promesas, que el mero hecho de pensar en ella hará surgir las más fuertes energías de todo tu ser. Repitamos de nuevo nuestro programa y, cambiando ligeramente las afirmaciones finales, llevémoslo al punto al que hemos llegado.

> Existe una materia pensante de la que están hechas todas las cosas y que, en su estado original, impregna, penetra y llena los intersticios del universo. Un pensamiento, en esta sustancia, produce la cosa que es imaginada por el pensamiento.
>
> El hombre puede formar cosas en su pensamiento, y, al imprimir su pensamiento en la Sustancia Sin Forma, puede hacer que se cree la cosa en la que piensa. Para ello, el hombre debe pasar de la mente competitiva a la mente creativa; debe formarse una imagen mental clara de las cosas que quiere, y hacer, con fe y propósito, todo lo que puede hacer cada día, realizando cada cosa por separado de manera eficiente.

CAPÍTULO XIII

Entrar en el negocio adecuado

El éxito, en cualquier negocio particular, depende, en parte, parte de que uno disponga, en un nivel lo bastante elevado, de las facultades que se requieren para ese negocio.

Sin unas buenas facultades musicales, nadie puede tener éxito como profesor de música; sin unas facultades mecánicas bien desarrolladas, nadie puede alcanzar un gran éxito en cualquiera de los oficios mecánicos; sin tacto y sin las facultades comerciales requeridas, nadie puede tener éxito en los negocios mercantiles. Pero, poseer en un estado bien desarrollado, las facultades necesarias para su vocación particular no le asegura a uno hacerse rico. Hay músicos que tienen un talento notable y que, sin embargo, siguen siendo pobres; hay herreros, carpinteros, etc., que tienen una excelente habilidad mecánica, pero que no se hacen ricos; y hay comerciantes con buenas capacidades para tratar con los clientes que, sin embargo, fracasan.

Las diferentes facultades son herramientas; es esencial disponer de buenas herramientas, pero también es esencial que las herramientas se utilicen de la manera correcta. Un hombre puede tomar una sierra afilada, una escuadra, un buen cepillo, etc., y construir una hermosa pieza de mobiliario; otro hombre puede tomar las mismas herramientas y ponerse a trabajar para duplicar el artículo, pero su producción será una chapuza. No sabe cómo utilizar las buenas herramientas con éxito.

Las diversas facultades de tu mente son las herramientas con las que debes realizar el trabajo que te hará rico; te será más fácil tener éxito si te dedicas a un negocio para el que estés bien equipado de herramientas mentales.

En general, te irá mejor en aquel negocio que utilice tus facultades más fuertes; aquel para el que estés naturalmente «mejor dotado». Pero esta afirmación también tiene sus limitaciones. Ningún hombre debe considerar que su vocación está irremediablemente fijada por las inclinaciones con las que ha nacido.

Puedes hacerte rico en CUALQUIER negocio, ya que, si no tienes el talento adecuado para ello, puedes desarrollar ese talento; simplemente significa que tendrás que fabricar tus herramientas sobre la marcha, en lugar de limitarte al uso de aquellas con las que naciste. Te será más fácil tener éxito en una vocación para la que ya tienes los talentos en un estado bien desarrollado; pero puedes tener éxito en cualquier vocación, porque puedes desarrollar cualquier talento rudimentario, y no hay ningún talento del que no tengas al menos el rudimento.

> *Te enriquecerás con mayor facilidad, en lo que al esfuerzo se refiere, si haces aquello para lo que estás mejor dotado; pero te enriquecerás más satisfactoriamente si haces aquello que QUIERES hacer.*

Hacer lo que quieres hacer es la vida y no existe verdadera satisfacción en vivir, si estamos obligados a estar siempre haciendo algo que no nos gusta hacer y nunca podemos hacer lo que queremos hacer. Y es cierto que puedes hacer lo que quieres hacer; el deseo de hacerlo es la prueba de que tienes dentro de ti el poder para poder hacerlo. El deseo es una manifestación del poder.

El deseo de tocar música es el poder que puede tocar música, que está buscando expresión y desarrollo; el deseo de inventar dispositivos mecánicos es el talento mecánico que está buscando expresión y desarrollo.

Donde no hay poder, desarrollado o no, para hacer una cosa, nunca hay deseo de hacerla; y, donde hay un fuerte deseo de hacer una cosa, eso es una prueba segura de que el poder para hacerla es fuerte, y que solo requiere desarrollarse y aplicarse de la manera correcta.

En igualdad de condiciones, lo mejor es elegir el negocio para el que se tiene el mejor talento desarrollado; pero, si se tiene un fuerte deseo de dedicarse a una línea de trabajo en particular, se debe elegir ese trabajo como el fin último al que se aspira.

Puedes hacer lo que quieras, y es tu derecho y privilegio seguir el negocio o la afición que te resulte más agradable. No estás obligado a hacer lo que no te gusta y no debes hacerlo más que como un medio para llegar a hacer lo que quieres.

Si existen errores pasados cuyas consecuencias te han colocado en un negocio o entorno indeseable, puedes estar obligado durante algún tiempo a hacer lo que no te gusta; pero puedes hacer que el hecho de obrar ahí sea agradable, sabiendo que estás haciendo así posible el llegar a hacer lo que quieres hacer.

Si sientes que no estás trabajando en lo que es tu vocación, no actúes demasiado apresuradamente al tratar de entrar en otra. La mejor manera, por lo general, de cambiar de negocio o de entorno es el crecimiento.

No tengas miedo de dar un cambio repentino y radical, si se presenta la oportunidad y si sientes, después de considerarlo cuidadosamente, que es la oportunidad correcta; pero nunca lleves a cabo una acción repentina o radical cuando tengas dudas sobre la sabiduría de hacerlo. Nunca hay prisa en el plano creativo y tampoco hay falta de oportunidades.

Cuando salgas de la mente competitiva, comprenderás que nunca necesitas actuar de manera precipitada. Nadie más va a ganarte en lo que quieres hacer; hay suficiente para todos. Si un lugar está ocupado, otro mejor se abrirá para ti un poco más adelante; hay tiempo de sobra. Cuando tengas dudas, espera. Apóyate en la contemplación de tu visión, y aumenta tu fe y tu propósito; y, por todos los medios, en los momentos de duda e indecisión, cultiva la gratitud.

Uno o dos días dedicados a la contemplación de la visión de lo que quieres, y a la sincera acción de dar gracias por conseguirlo, harán que tu mente entre en una relación tan estrecha con el Supremo que no cometerás ningún error cuando actúes.

Hay una mente que sabe todo lo que hay que saber y puedes entrar en estrecha unidad con esta mente por la fe y el propósito de avanzar en la vida, si albergas una profunda gratitud.

Los errores provienen de actuar apresuradamente, o de actuar con miedo o duda, o en el olvido de la Determinada Manera de proceder, que es más vida para todos y menos para ninguno.

A medida que progreses de la Adecuada Manera, las oportunidades se te presentarán en número creciente, y necesitarás ser muy firme en tu fe y propósito, y mantenerte en estrecho contacto con la Mente Suprema mediante una reverente gratitud.

Haz todo lo que puedas hacer de manera perfecta cada día, pero hazlo sin prisa, sin preocupación y sin miedo. Ve tan rápido como puedas, pero nunca te apresures.

Recuerda que, en el momento en que empiezas a apresurarte, dejas de ser un creador y te conviertes en un competidor; vuelves a caer en el viejo plano.

Cada vez que te encuentres apurado, haz un alto; fija tu atención en la imagen mental de la cosa que quieres y comienza a dar gracias por haberla conseguido. El ejercicio de la GRATITUD nunca dejará de fortalecer tu fe y renovar tu propósito.

CAPÍTULO XIV

La impresión de aumento

TANTO si cambias de vocación como si no, tus acciones en el presente deben ser las que competan al negocio en el que ahora estás comprometido.

Puedes entrar en el negocio que quieras haciendo un uso constructivo del negocio en el que ya estás establecido; haciendo tu trabajo diario de una Determinada Manera. Y, en la medida en que tu negocio consiste en tratar con otros hombres, ya sea personalmente o por carta, el pensamiento clave de todos tus esfuerzos debe estar en transmitir a sus mentes la impresión de aumento.

El aumento es lo que buscan todos los hombres y todas las mujeres; es el impulso de la Inteligencia sin forma que hay en ellos, que busca una expresión más plena. El deseo de aumento es inherente a toda la naturaleza; es el impulso fundamental del universo. Todas las actividades humanas se basan en el deseo de aumento; la gente busca más comida, más ropa, mejor refugio, más lujo, más belleza, más conocimiento, más placer… aumento de algo, más vida.

Todo ser viviente está sometido a esta necesidad de avance continuo; donde el aumento de la vida cesa, la disolución y la muerte sobrevienen de inmediato.

El hombre lo sabe de forma instintiva y por eso busca siempre más. Esta ley del aumento perpetuo fue expuesta por Jesús en la parábola de los talentos; solo los que ganan más retienen algo; al que nada tiene se le quitará hasta lo que tiene.

El deseo normal de aumentar la riqueza no es algo malo o reprobable; es simplemente el deseo de una vida más abundante; es una aspiración. Y, como es el instinto más profundo de su naturaleza, todos los hombres y mujeres se sienten atraídos por aquel que puede darles más medios de vida.

Al proceder de Determinada Manera, tal como se describe en las páginas anteriores, estás obteniendo un aumento continuo para ti mismo, y lo estás dando también a todos aquellos con los que tratas. Eres un centro creador, del que se desprende aumento para todos.

Estate seguro de esto y transmite la seguridad de ello a cada hombre, mujer y niño con el que entres en contacto. No importa cuán pequeña sea la transacción, aunque solo sea la venta de un caramelo a un niño pequeño, pon en ella el pensamiento de aumento y asegúrate de que al cliente le imprimes con este pensamiento.

Transmite la impresión de progreso en todo lo que hagas, para que todas las personas reciban la impresión de que eres un Hombre en Progreso y de que haces avanzar a todos los que tratan contigo. Incluso a las personas con las que te reúnes por cuestiones sociales, sin pensar en los negocios, y a las que no intentas venderles nada, dales la impresión de progreso.

Puedes transmitir esta impresión manteniendo la fe inquebrantable de que tú mismo estás en el Camino del Progreso y dejando que tal fe inspire, llene e impregne cada acción. Haz todo lo que hagas con la firme convicción de que eres una personalidad que avanza y que de estás generando progreso para todo el mundo.

Siente que te estás enriqueciendo y que, al hacerlo, estás enriqueciendo a otros, y generando beneficios para todos. No te jactes ni presumas de tu éxito, ni hables del mismo innecesariamente; la verdadera fe nunca es jactanciosa.

Dondequiera que encuentres a una persona jactanciosa, estás ante alguien que, secretamente, alberga dudas y miedo. Simplemente siente la fe, y deja que se manifieste en cada transacción; deja que cada acto y tono, y mirada, expresen la tranquila seguridad de que te estás enriqueciendo; de que ya eres rico. No serán necesarias las palabras para comunicar este sentimiento a los demás; ellos sentirán la sensación de progreso cuando estén en tu presencia y se sentirán atraídos por ti de manera renovada.

Debes impresionar a los demás de tal manera que sientan que, al asociarse contigo, obtendrán también un aumento para ellos mismos. Procura generarles un valor de uso mayor que el valor en efectivo que estás a tu vez obteniendo de ellos.

Enorgullécete con todo derecho de hacer tal cosa y permite que todos lo sepan; y no te faltarán clientes. La gente irá a donde se le dé incrementos y el Supremo, que desea el progreso para todos, y que lo conoce todo, enviará a ti a hombres y mujeres que nunca han oído hablar de ti. Tu negocio crecerá con rapidez y te sorprenderán los beneficios inesperados que te irán llegando. De día en día, podrás hacer mayores combinaciones, asegurarte mayores ventajas y pasar a una vocación más acorde con tus inclinaciones si así lo deseas. Pero al hacer todo esto, nunca debes perder de vista tu visión de lo que quieres, o tu fe y propósito de conseguir lo que quieres.

Permíteme aquí ofrecerte unas palabras de advertencia con respecto a los motivos. Ten cuidado con la insidiosa tentación de buscar el poder sobre otros hombres.

Nada es tan grato, para la mente no formada o parcialmente desarrollada, como el ejercicio del poder o el dominio sobre los demás. El deseo de gobernar para la gratificación egoísta ha sido la maldición del mundo. Durante innumerables épocas, los reyes y los señores han empapado la tierra con sangre, en sus batallas para extender sus dominios; eso no se hace para buscar más vida para todos, sino para obtener más poder para ellos mismos.

Hoy en día, el motor principal en el mundo de los negocios y la industria es el mismo; los hombres reúnen sus ejércitos de dólares, y destruyen las vidas y los corazones de millones de personas en la misma lucha enloquecida por obtener poder sobre los demás. Los reyes de los negocios, al igual que los reyes políticos, se inspiran en el ansia de poder. Jesús vio en este deseo de dominio el impulso que movía a ese mundo malvado que Él pretendía derrocar. Leed el capítulo veintitrés de Mateo, y ved cómo describe el deseo de los fariseos de ser llamados «Maestros», de ocupar su sitio en lo más alto, de dominar a los demás y de poner cargas sobre las espaldas de los menos afortunados; y observad cómo compara este deseo de dominio con la búsqueda fraternal del Bien Común a la que llama a sus discípulos.

Cuidado con la tentación de buscar la autoridad, de convertirse en un «maestro», de ser considerado como alguien que está por encima del rebaño común, de impresionar a los demás mediante la exhibición fastuosa, etc.

La mente que busca el dominio sobre los demás es la mente competitiva, y la mente competitiva no es la creativa. Para dominar tu entorno y tu destino, no es necesario en absoluto que gobiernes sobre tus semejantes y, de hecho, cuando caes en la lucha mundana por los puestos altos, empiezas a ser conquistado por el destino y el entorno, y tu enriquecimiento se convierte en una cuestión de azar y especulación.

¡Cuidado con la mente competitiva! No se puede formular mejor declaración del principio de la acción creativa que la declaración favorita del difunto «Regla de Oro» Jones de Toledo[***]: «Lo que quiero para mí, lo quiero para todos».

[***] Samuel M. Jones, conocido como Golden Rule (Regla de Oro), empresario estadounidense que llegó a alcalde de Toledo, Ohio, a finales del siglo xix y que tenía esa máxima como regla de conducta *(N. del T.)*.

CAPÍTULO XV

El hombre que progresa

L o que he dicho en el último capítulo se aplica tanto al profesional y al asalariado como al hombre que se dedica a los negocios mercantiles. No importa que seas médico, maestro o clérigo, si puedes alargar la vida a los demás y hacerlos sensibles a tal hecho, se sentirán atraídos por ti y te enriquecerás. El médico que tiene la visión de sí mismo como un gran y exitoso sanador, y que trabaja hacia la plena realización de esa visión con fe y propósito, tal como se describe en los capítulos anteriores, entrará en tan estrecho contacto con la Fuente de la Vida que tendrá un éxito increíble; los pacientes acudirán a él en tropel.

Nadie tiene mayor oportunidad de poner en práctica las enseñanzas de este libro que el practicante de la medicina; no importa a cuál de las diversas escuelas pueda pertenecer, porque el principio de curación es común a todas ellas y puede ser alcanzado por todas por igual. El Hombre Que Progresa en medicina, que se aferra a una clara imagen mental de sí mismo como alguien exitoso y que obedece las leyes de la fe, el propósito y la gratitud, curará todos los casos curables a los que se enfrente, sin importar los remedios que pueda utilizar.

En el campo de la religión, el mundo clama por el clérigo que pueda enseñar a sus oyentes la verdadera ciencia de la vida pletórica. A aquel que domine los detalles de la ciencia de hacerse rico, junto con las ciencias aliadas del bienestar, de llegar a la grandeza y de conseguir el amor, y que enseñe tales detalles desde el púlpito, nunca le faltará una congregación. Este es el evangelio que el mundo necesita; dará aumento de vida y los hombres lo escucharán con gusto, y darán apoyo con liberalidad al hombre que lo lleve a ellos.

Lo que se necesita ahora es una demostración de la ciencia de la vida desde el púlpito. Queremos predicadores que no solo nos digan cómo hacerlo, sino que nos lo muestren en sus propias personas. Necesitamos un predicador que sea rico, saludable, grande y amado, para enseñarnos cómo alcanzar estas cosas; y, cuando se presente, encontrará seguidores numerosos y leales. Lo mismo ocurre con el maestro que pueda inspirar a los niños con la fe y el propósito de la vida que avanza. Nunca se quedará «sin trabajo». Y cualquier maestro que tenga esta fe y propósito puede trasmitírselas a sus alumnos; no puede evitar hacerlo si de verdad forman parte de su propia vida y práctica.

Lo que es cierto para el maestro, el predicador y el médico, es cierto para el abogado, el dentista, el agente inmobiliario, el agente de seguros... para todos.

La acción combinada, mental y personal que he descrito es infalible; no puede fallar. Todo hombre y mujer que siga estas instrucciones con constancia, perseverancia y al pie de la letra se hará rico.

La ley del Aumento de la Vida es tan matemáticamente cierta en su funcionamiento como la ley de la gravitación; hacerse rico es una ciencia exacta.

El asalariado encontrará esto tan cierto en su caso como en cualquiera de los otros mencionados. No debe pensar que no tiene ninguna posibilidad de enriquecerse porque está trabajando en un lugar donde no existen oportunidades perceptibles de progreso, donde los salarios son pequeños y el coste de la vida es alto. Forma tu visión mental clara de lo que quieres, y comienza a actuar con fe y propósito.

Haz todo el trabajo que puedas hacer, todos los días, y realiza cada parte del trabajo de manera perfectamente exitosa; pon el poder del éxito, y el propósito de hacerte rico, en todo lo que hagas.

Pero no lo hagas solo con la idea de ganarte el favor de tu jefe, con la esperanza de que él, o los que están por encima de ti, vean tu buen trabajo y te hagan avanzar; no es probable que lo hagan.

El hombre que es simplemente un «buen» trabajador, que ocupa su lugar lo mejor posible y está satisfecho con ello, es valioso para su jefe y a este no le interesa ascenderlo; vale más donde está. Para asegurarse el ascenso, necesita algo más que ser demasiado grande para su puesto.

El hombre que está seguro de avanzar es el que es demasiado grande para su ocupación y tiene un concepto claro de lo que quiere ser; que sabe que puede llegar a ser lo que quiere ser, y que está decidido a SER lo que quiere ser.

No trates de ocupar más que tu lugar actual con miras a complacer a tu jefe; hazlo con la idea de progresar tú mismo. Mantén la fe y el propósito de progresar durante las horas de trabajo, después de las horas de trabajo y antes de las horas de trabajo. Sostenlo de tal manera que toda persona que entre en contacto contigo, ya sea capataz, compañero de trabajo o conocido social, sienta el poder del propósito que irradias; de modo que todos reciban de ti la sensación de avance y aumento. Los hombres se sentirán atraídos por ti y, si no hay posibilidad de avanzar en su trabajo actual, muy pronto verás la oportunidad de conseguir otro trabajo.

Hay un poder que nunca deja de presentar oportunidades al hombre que avanza y que se mueve en obediencia a la ley.

Dios no puede evitar ayudarte, si actúas de cierta manera; debes hacerlo para ayudarte a sí mismo. No hay nada en tus circunstancias o en la coyuntura industrial que pueda mantenerte abajo. Si no puedes enriquecerte trabajando para la industria siderúrgica, puedes enriquecerte en una granja de cuatro hectáreas; y si comienzas a moverte de Determinada Manera, con toda certeza escaparás de las «garras» de la industria siderúrgica y llegarás a la granja o a cualquier otro lugar en el que desees estar.

Si unos cuantos miles de los empleados de esta procedieran de Determinada Manera, la industria siderúrgica se encontraría pronto en una mala situación; tendría que dar más oportunidades a sus trabajadores o quebrar. Nadie tiene que trabajar para un trust; los trust pueden mantener a los hombres en las que llaman condiciones de indefensión solo mientras haya hombres demasiado ignorantes como para conocer la ciencia de enriquecerse, o demasiado perezosos intelectualmente para practicarla.

Empieza a pensar y actuar de esta manera, y tu fe y propósito te harán ver con rapidez cualquier oportunidad de mejorar tu condición. Tales oportunidades vendrán rápidamente, porque el Supremo, trabajando en Todo, y trabajando para ti, las traerá a ti.

No esperes una oportunidad para ser todo lo que quieres ser; cuando se presente una oportunidad para ser más de lo que eres ahora y te sientas impulsado hacia ella, aprovéchala. Será el primer paso hacia una oportunidad mayor.

No hay nada posible, en este universo, que se parezca a falta de oportunidades para el hombre que vive una vida de progreso. Es inherente a la constitución del cosmos que todas las cosas sean para el hombre y trabajen juntas para su bienestar y, ciertamente, este debe enriquecerse si actúa y piensa de Determinada Manera. Por lo tanto, que los hombres y mujeres asalariados estudien este libro con mucho cuidado, y pongan en práctica, con confianza, el curso de acción que prescribe; no fallará.

CAPÍTULO XVI

Algunas advertencias y observaciones finales

Mucha gente se burlará de la idea de que existe una ciencia exacta que sirve para enriquecerse; teniendo la impresión de que la oferta de riqueza es limitada, insistirán en que hay que cambiar las instituciones sociales y gubernamentales antes de que un número considerable de personas pueda adquirir tal posición.

Pero esto no es cierto. Es verdad que los gobiernos existentes mantienen a las masas en la pobreza, pero esto se debe a que las masas no piensan ni actúan de Determinada Manera. Si las masas comienzan a avanzar como se sugiere en este libro, ni los gobiernos ni los sistemas industriales podrán frenarlas; todos los sistemas deben modificarse para acomodar el movimiento hacia el progreso.

Si la gente tiene la Mente Avanzada, tiene Fe en que puede llegar a ser rica y avanza con el propósito firme de llegar a serlo, nada podrá mantenerla en la pobreza.

Los individuos pueden proceder de Determinada Manera en cualquier momento, y bajo cualquier gobierno, y hacerse ricos; y, cuando un número considerable de individuos lo haga bajo cualquier gobierno, harán que el sistema se modifique de tal manera que eso abra el camino a otros.

Cuantos más hombres se enriquezcan en el plano competitivo, peor para los demás; cuantos más se enriquezcan en el plano creativo, mejor para los demás.

La salvación económica de las masas solo puede lograrse consiguiendo que un gran número de personas practiquen el método científico expuesto en este libro y se enriquezcan. Estos mostrarán a los demás el camino y les inspirarán el deseo de una vida real, con la fe puesta en que pueden alcanzarla y con el propósito de lograrla. Por el momento, sin embargo, es suficiente con saber que ni el gobierno bajo el que vives ni el sistema capitalista o competitivo de la industria pueden impedir que te hagas rico. Cuando entres en el plano creativo del pensamiento, te elevarás por encima de todas estas materias y te convertirás en un ciudadano de otro nivel. Pero recuerda que tu pensamiento debe mantenerse en el plano creativo; nunca debes sentirte tentado, ni por un instante, a considerar la oferta como limitada o a actuar en el nivel moral de la competencia. Siempre que caigas en las viejas formas de pensamiento, corrígelo al instante; porque, cuando estás en el plano de la mente competitiva, pierdes la cooperación de la Mente del Todo.

No dediques tiempo alguno a planificar cómo vas a hacer frente a posibles emergencias en el futuro, excepto en la medida en la que las políticas ineludibles puedan afectar a tus acciones del presente. Preocúpate por hacer el trabajo de hoy de una manera perfectamente exitosa, y no por las emergencias que puedan surgir mañana; podrás atenderlas cuando se presenten.

No te preocupes por cuestiones tales como la de cómo superar los obstáculos que pueden aparecer en tu horizonte de negocios, a menos que puedas ver claramente que tu curso deba variarse hoy para evitar tales obstáculos. No importa lo tremendo que pueda parecer un obstáculo visto desde la distancia, porque descubrirás que, si procedes de Determinada Manera, desaparecerá a medida que te acerques a él, o te surgirá un camino para superarlo, atravesarlo o rodearlo.

Ninguna combinación posible de circunstancias puede derrotar a un hombre o una mujer que proceda a enriquecerse siguiendo líneas estrictamente científicas. Ningún hombre o mujer que obedezca la ley puede dejar de enriquecerse, como tampoco se puede multiplicar dos por dos y no obtener cuatro. No hay que pensar con ansiedad en los posibles desastres, obstáculos, pánicos o combinaciones desfavorables de circunstancias; ya será tiempo de enfrentarse a tales cosas cuando aparezcan en el presente inmediato y descubrirás que cada dificultad lleva aparejada los medios para su superación.

Cuida tu discurso. Nunca hables de ti mismo, de tus asuntos o de cualquier otra cosa de forma desanimada o desalentadora. Nunca admitas la posibilidad del fracaso, ni hables de tal manera que infiera que el fracaso es una posibilidad. Nunca hables de que los tiempos son difíciles, ni de que las condiciones de los negocios son dudosas. Los tiempos pueden ser duros y los negocios dudosos para los que están en el plano de la competencia, pero nunca pueden serlo para ti; tú puedes crear lo que quieres, y estás por encima del miedo.

Cuando los demás afronten tiempos difíciles y malos negocios, tú encontrarás tus mayores oportunidades.

> *Entrénate para pensar y ver el mundo como algo que se está convirtiendo, que está creciendo, y para considerar el mal aparente como algo que está sin desarrollar. Habla siempre en términos de avance; hacer lo contrario es negar tu fe, y negar tu fe es perderla.*

Nunca te permitas sentirte decepcionado. Puedes esperar tener cierta cosa en un momento determinado y no obtenerla en ese momento; y esto te parecerá un fracaso. Pero si te aferras a tu fe, verás que el fracaso es solo aparente. Continúa de la misma manera, y si no recibes esa cosa, obtendrás algo mucho mejor, de forma que verás que el aparente fracaso fue en realidad un gran éxito.

Un estudiante de esta ciencia se había propuesto realizar una determinada combinación de negocios que en ese momento le parecía muy deseable y trabajó durante algunas semanas para llevarla a cabo. Cuando llegó el momento crucial, el asunto fracasó de una manera totalmente inexplicable; fue como si una influencia invisible hubiera estado trabajando secretamente en su contra. No se sintió decepcionado; al contrario, agradeció a Dios que su deseo se hubiese visto anulado y siguió adelante con mente agradecida. A las pocas semanas se le presentó una oportunidad mucho mejor y que no le habría dado el primer trato bajo ningún concepto, y vio que una Mente que sabía más que él le había impedido perder el bien mayor por enredarse con el menor.

Esa es la forma en que cada aparente fracaso se resolverá a tu favor, siempre que mantengas tu fe, te aferres a tu propósito, tengas gratitud, y hagas, cada día, todo lo que se puede hacer ese día, llevando cada acto separado de una manera exitosa.

Cuando sufras un fracaso, es porque no has pedido lo suficiente; sigue adelante, y una cosa más grande de la que buscabas te llegará sin duda. Recuerda esto. No fracasarás porque te falte el talento necesario para hacer lo que deseas. Si sigues como te he indicado, desarrollarás todo el talento necesario para realizar tu trabajo.

No entra en el ámbito de este libro tratar de la ciencia de cultivar el talento; pero es tan cierto y sencillo como el proceso de hacerse rico. Sin embargo, no vaciles ni flaquees por miedo a que, cuando llegues a un punto en concreto, fracases por falta de habilidad; sigue adelante, y cuando llegues a ese punto, la habilidad te será proporcionada. La misma fuente de habilidad que permitió al inexperto Lincoln realizar la mayor obra de gobierno jamás lograda por un solo hombre, está abierta para ti; puedes recurrir a toda la mente que existe para que la sabiduría te sirva para cumplir con las responsabilidades que se te imponen. Sigue adelante con fe absoluta.

Estudia este libro. Hazlo tu compañero hasta que hayas dominado todas las ideas que contiene. Mientras te asientas con firmeza en esta fe, harás bien en renunciar a la mayoría de los recreos y placeres, y en mantenerte alejado de los lugares en los que se expongan, en conferencias o sermones, ideas contradictorias con estas. No leas literatura pesimista o polémica, ni entres en discusiones sobre el tema. Lee muy poco, aparte de los escritores mencionados en el prefacio. Dedica la mayor parte de tu tiempo libre a contemplar tu visión, a cultivar la gratitud y a leer este libro. Contiene todo lo que necesitas saber sobre la ciencia de hacerse rico; y encontrarás todo lo esencial resumido en el siguiente capítulo.

CAPÍTULO XVII

Resumen de *La ciencia de hacerse rico*

Existe una materia pensante de la que están hechas todas las cosas y que, en su estado original, impregna, penetra y llena los intersticios del universo.

Un pensamiento, en dicha sustancia, produce aquello que es imaginado por el pensamiento.

El hombre puede formar cosas en su pensamiento y, al imprimir su pensamiento en la sustancia sin forma, puede hacer que se cree la cosa en la que piensa.

Para hacer algo, el hombre debe pasar de la mente competitiva a la creativa; de lo contrario, no puede estar en armonía con la Inteligencia sin Forma, que es siempre creativa y nunca competitiva en su esencia.

El hombre puede entrar en plena armonía con la Substancia Sin Forma si siente una gratitud viva y sincera por las bendiciones que le otorga. La gratitud unifica la mente del hombre con la inteligencia de la Sustancia, de modo que los pensamientos del hombre son recibidos por el Sin Forma. El hombre solo puede permanecer en el plano creativo uniéndose a la Inteligencia Sin Forma mediante un profundo y continuo sentimiento de gratitud.

El hombre debe formarse una imagen mental clara y definida de las cosas que desea tener, hacer o llegar a ser; y debe mantener esta imagen mental en sus pensamientos, mientras agradece profundamente al Supremo que todos sus deseos le sean concedidos. El hombre que desea enriquecerse debe dedicar sus horas de ocio a contemplar su Visión, y a agradecer con sinceridad que se le conceda la materialización de esta. Nunca insistiremos demasiado en la importancia de la contemplación frecuente de la imagen mental, unida a una fe inquebrantable y a un agradecimiento devoto. Este es el proceso por el cual la impresión se trasmite al Sin Forma, y las fuerzas creativas se ponen en movimiento.

> *La energía creadora actúa a través de los canales establecidos del crecimiento natural, y del orden industrial y social. Todo lo que está incluido en su imagen mental se le otorgará sin duda alguna al hombre que sigue las instrucciones que hemos dado más arriba, y cuya fe no vacila. Lo que desea le llegará por las vías del comercio establecido.*

Para recibir lo que es suyo cuando le llegue, el hombre debe mostrarse activo; y esta actividad solo puede consistir en algo más que ocupar su lugar actual. Debe tener presente el Propósito de enriquecerse mediante la realización de su imagen mental. Y debe hacer, cada día, todo lo que puede hacer ese día, cuidando de llevar a cabo cada acto de manera exitosa. Debe dar a cada hombre un valor de uso superior al valor en efectivo que recibe, de modo que cada transacción que haga genere más vida, y debe sostener el Pensamiento de Progreso de tal manera que la impresión de Aumento se comunique a todos con los que entra en contacto.

Los hombres y mujeres que pongan en práctica las instrucciones anteriores se enriquecerán con toda certeza; y las riquezas que reciban estarán en proporción exacta a lo definido de su visión, lo fijo de su propósito, la firmeza de su fe y la profundidad de su gratitud.

—FIN—

La ciencia del bienestar

CONTENIDO

Prefacio

Este volumen es el segundo de una serie, el primero de los cuales es *La ciencia de hacerse rico*. Así como ese libro está destinado únicamente a los que quieren ganar dinero, este es para los que quieren obtener salud y buscan una guía práctica y un manual, no un tratado filosófico. Contiene las instrucciones para el uso del Principio de Vida universal, y he puesto en él mi esfuerzo para explicar el camino a seguir, de una manera tan clara y sencilla que el lector, aunque no haya estudiado previamente el Nuevo Pensamiento o la metafísica, pueda seguirlo fácilmente hasta alcanzar la salud perfecta. Aunque he conservado todo lo esencial, he eliminado cuidadosamente todo lo que no lo es; no he utilizado un lenguaje técnico, abstruso o difícil, y he mantenido el objetivo en todo momento.

Como afirma su título, el libro trata de ciencia, no de especulación. La teoría monista del universo —la teoría de que la materia, la mente, la conciencia y la vida son todas manifestaciones de una sola Sustancia— es aceptada ahora por la mayoría de los pensadores; y, si tú aceptas esta teoría, no podrás negar las conclusiones lógicas que encontrarás aquí. Lo mejor de todo es que los métodos de pensamiento y acción prescritos han sido probados por el autor en sí mismo, así como en el de cientos de personas durante doce años de práctica, con un éxito continuo e infalible. Puedo decir de la Ciencia del Bienestar que funciona; y que, dondequiera que se cumplan sus leyes, no puede dejar de funcionar más de lo que la ciencia de la geometría puede también dejar de hacerlo. Si los tejidos de tu cuerpo no han sido destruidos de tal manera que la vida continuada sea imposible, tú puedes recobrar la salud; y si piensas y actúas de cierta manera, te pondrás bien.

Si el lector desea comprender plenamente la teoría monista del cosmos, se le recomienda que lea a Hegel y a Emerson; que lea también *The Eternal News*, un folleto de J. J. Brown, 300 Cathcart Road, Govanhill, Glasgow, Escocia. También se puede encontrar alguna iluminación en una serie de artículos del mismo autor, que fueron publicados en *The Nautilus*, Holyoke, Mass., durante el año 1909, bajo el título, *What Is Truth?*

Aquellos que deseen una información más detallada en cuanto a la realización de las funciones voluntarias —comer, beber, respirar y dormir— pueden leer *New Science of Living and Healing, Letters to a Woman's Husband* y *The Constructive Use of Foods*, opúsculos de W. D. Wattles que pueden obtenerse de los editores de este libro. También recomiendo los escritos de Horace Fletcher y de Edward Hooker Dewey. Lee todo esto, si quieres, como una especie de refuerzo para tu fe; pero déjame advertirte de que no cometas el error de estudiar muchas teorías contrapuestas, y de practicar, al mismo tiempo, partes de varios «sistemas» diferentes; porque, si recuperas la salud, debe ser dando TODA tu MENTE a la forma correcta de pensar y vivir. Recuerda que la CIENCIA DEL BIENESTAR pretende ser una guía completa y suficiente en todos los aspectos. Concéntrate en la forma de pensar y actuar que prescribe, y síguela en cada detalle, y te pondrás bien; o, en el caso de que ya goces de salud, seguirás disfrutando de ella. Confiando en que seguirás adelante hasta que la inestimable bendición de la salud perfecta sea tuya, me despido,

Sinceramente tuyo,

WALLACE D. WATTLES

CAPÍTULO I

El principio de la salud

E<small>N</small> la aplicación personal de *la Ciencia del Bienestar*, al igual que en la de *la Ciencia del Hacerse Rico*, es preciso conocer, al comenzar, ciertas verdades fundamentales, que deben aceptarse sin discusión. Algunas de estas verdades son las siguientes:

El desempeño perfectamente natural de la función constituye la salud; y el desempeño perfectamente natural de la función resulta de la acción natural del Principio de la Vida. Hay un Principio de Vida en el universo; es la Única Sustancia Viviente de la que están hechas todas las cosas. Esta Sustancia Viviente impregna, penetra y llena los intersticios del universo; está en y es inherente a todas las cosas, como un éter muy refinado y difusible. Toda la vida proviene de ella; su vida es toda la vida que existe.

El hombre es una forma de esta Sustancia Viviente, y tiene en su interior un Principio de Salud. (La palabra Principio la utilizamos con el significado de «fuente»). El Principio de Salud, en el hombre, cuando está en plena actividad constructiva, hace que todas las funciones voluntarias de su vida se realicen perfectamente.

Es el Principio de la Salud, en el hombre, el que realmente trabaja toda la curación, no importa qué «sistema» o «remedio» se emplee; y a este Principio de la Salud se le induce a la Actividad Constructiva pensando de una determinada manera.

Procedo ahora a demostrar esta última afirmación. Todos sabemos que las curaciones se producen por métodos diferentes y a menudo opuestos, empleados en las diversas ramas del arte de curar. El alópata, que suministra una fuerte dosis de un contraveneno, cura a su paciente; y el homeópata, que da una dosis diminuta del veneno más similar al de la enfermedad, también la cura. Si la alopatía hubiera curado alguna vez una enfermedad determinada, es seguro que la homeopatía nunca habría curado esa enfermedad; y, si la homeopatía hubiese curado alguna vez una dolencia, es imposible que la alopatía pueda curar la misma dolencia. Los dos sistemas son radicalmente opuestos en la teoría y en la práctica; y sin embargo, ambos «curan» la mayoría de las enfermedades. E incluso los remedios utilizados por los médicos de cualquier escuela no son los mismos. Acude con un caso de indigestión a media docena de médicos, y compara sus prescripciones; es más que probable que no coincidan los diagnósticos de ninguno. ¿No debemos concluir que sus pacientes se curan por un Principio de Salud en el interior de ellos mismos, y no por algo presente en los diferentes «remedios»?

No solo esto, sino que encontramos las mismas dolencias curadas por el osteópata con manipulaciones de la columna vertebral; por el sanador de la fe mediante la oración, por el experto en alimentación a través de dietas, por el científico cristiano con una declaración de credo formulada, por el científico mental gracias a la afirmación, y por los higienistas con diferentes planes de vida. ¿A qué conclusión podemos llegar frente a todos estos hechos, sino a que existe un Principio de Salud que es el mismo en todas las personas y que realmente logra todas las curaciones; y que hay algo en todos los «sistemas» que, bajo condiciones favorables, despierta el Principio de Salud a la acción? Es decir, que las medicinas, las manipulaciones, las oraciones, las facturas, las afirmaciones y las prácticas higienistas curan siempre que hacen que el Principio de Salud se active; y fracasan siempre que no lo hace. ¿No indica todo esto que los resultados dependen de la forma en que el paciente piensa en el remedio, más que de los ingredientes de la receta del mismo?

Hay una vieja historia que ilustra tan bien este punto que la expondré aquí. Se dice que, en la Edad Media, los huesos de un santo, guardados en un monasterio, hacían milagros de curación; en ciertos días, una gran multitud de afligidos se reunía para tocar las reliquias, y todos los que lo hacían se curaban. La víspera de una de tales ocasiones, algún bribón sacrílego accedió a la caja en la que se guardaban las reliquias milagrosas y robó los huesos; y, por la mañana, con la habitual multitud de enfermos esperando a las puertas, los monjes se encontraron privados de la fuente del poder milagroso. Decidieron mantener el asunto en secreto, con la esperanza de que, de esa forma, podrían encontrar al ladrón y recuperar sus tesoros; y, apresurándose a ir al sótano del convento, desenterraron los huesos de un asesino, que había sido enterrado allí muchos años antes. Los colocaron en la vitrina, con la intención de presentar más tarde alguna excusa plausible para que el santo no realizara sus habituales milagros en ese día; y luego dejaron entrar a la concurrencia de enfermos y desvalidos que esperaban. Para gran asombro de los presentes, los huesos del malhechor resultaron tan eficaces como los del santo, y la curación se produjo como en ocasiones anteriores. Se dice que uno de los monjes dejó constancia escrita del suceso, en la que confesaba que, a su juicio, el poder de curación había estado en la propia gente durante todo el tiempo, y nunca en los huesos.

Sea o no cierta la historia, esta conclusión se aplica a todas las curaciones realizadas por todos los sistemas.

El poder que cura está en el propio paciente y el hecho de que se active o no, no depende de los medios físicos o mentales utilizados, sino de la forma en que el paciente piensa en dichos medios.

Hay un Principio Universal de Vida, tal y como enseñó Jesús, un gran Poder Sanador espiritual, y hay un Principio de Salud dentro el hombre que está relacionado con este Poder Sanador. Este está latente o activo según sea la forma en que la persona piense. Siempre puede acelerar su actividad pensando de una Determinada Manera.

Tu curación no depende de la adopción de un sistema o del hallazgo de un remedio; personas con tus mismas dolencias se han curado gracias a toda clase de sistemas y remedios.

No depende del clima; algunas personas están bien y otras enfermas en todos los climas. No depende de la vocación, a menos que se trate de personas que trabajan en condiciones nocivas; la gente se encuentra bien en todos los oficios y profesiones. Su bienestar depende de que empiece a pensar —y a actuar— de una Determinada Manera.

> *La forma en que un hombre piensa en las cosas está determinada por hasta qué punto cree en ellas. Sus pensamientos están determinados por su fe, y los resultados dependen de que haga una aplicación personal de su fe. Si un hombre tiene fe en la eficacia de una medicina, y es capaz de aplicar esa fe a sí mismo, esa medicina hará con toda certeza que se cure; pero, aunque su fe sea grande, no se curará a menos que la aplique a sí mismo.*

Muchos enfermos tienen fe en lo que a los demás respecta, pero ninguna para sí mismos. Por lo tanto, si tiene fe en un sistema de dieta, y puede aplicar personalmente esa fe, lo curará; y si tiene fe en las oraciones y afirmaciones, y aplica personalmente su fe, las oraciones y afirmaciones lo curarán.

La fe, aplicada personalmente, cura; y no importa cuán grande sea la fe o cuán persistente el pensamiento, no curará sin la aplicación personal. Así pues, la Ciencia del Bienestar abarca los campos del pensamiento y la acción. Para estar bien no basta que el hombre se limite a pensar de cierta manera; debe aplicar su pensamiento a sí mismo, y debe expresarlo y exteriorizarlo en su vida exterior, actuando en consonancia a cómo piensa.

CAPÍTULO II

Los fundamentos de la fe

ANTES de que un hombre pueda pensar de Determinada Manera, lo que hará que sus enfermedades se curen, debe creer en ciertas verdades que se exponen a continuación:

Todas las cosas están hechas de una Sustancia Viva que, en su estado original, impregna, penetra y llena los intersticios del universo. Dado que todas las cosas visibles están hechas de Ella, esta Sustancia, en su primera condición sin forma, está en y a través de todas las formas visibles que ha hecho. Su vida está en Todo y su inteligencia está en Todo.

Esta Sustancia crea por medio del pensamiento y el método que sigue la forma de lo que piensa. El pensar en una forma por parte de esta sustancia hace que asuma esa forma; el pensamiento de un movimiento hace que realice ese movimiento. Las formas son creadas por esta sustancia al adoptar ciertas actitudes o posiciones. Cuando la Sustancia Original desea crear una forma determinada, piensa en el movimiento que producirá esa forma.

Cuando desea crear un mundo, piensa en los movimientos, que tal vez se extienden a través de las eras, que darán lugar a que acabe por llegar a la posición y la forma de ese mundo; y tales movimientos se llevan a cabo. Cuando desea crear un roble, piensa en las secuencias de movimiento, que tal vez se extiendan a lo largo de los siglos y que darán como resultado la forma de un roble; y estos movimientos se realizan. Las secuencias particulares de movimiento por las que deben producirse las diferentes formas fueron establecidas en el principio de los tiempos; son inmutables. Ciertos movimientos impresos en la Sustancia sin Forma producirán siempre ciertas formas.

El cuerpo del hombre está formado por la Sustancia Original, y es el resultado de ciertos movimientos, que existieron primero como pensamientos de la Sustancia Original. Los movimientos que producen, renuevan y reparan el cuerpo del hombre se llaman funciones, y estas funciones son de dos clases: voluntarias e involuntarias. Las funciones involuntarias están bajo el control del Principio de la Salud en el hombre y se realizan de manera perfectamente sana mientras el hombre piense de una Determinada Manera. Las funciones voluntarias de la vida son comer, beber, respirar y dormir. Estas, en su totalidad o en parte, están bajo la dirección de la mente consciente del hombre y este puede realizarlas de manera perfectamente sana si así lo desea. Si no las realiza de manera saludable, no puede mantenerse saludable durante mucho tiempo. Por lo tanto, vemos que si el hombre piensa de una Determinada Manera, y come, bebe, respira y duerme de la manera que corresponde, estará bien.

Las funciones involuntarias de la vida del hombre están bajo el control directo del Principio de la Salud y se realizarán de una forma perfectamente sana mientras el hombre piense de Determinada Manera. Las funciones voluntarias de la vida son el comer, el beber, respirar y dormir. Estas están, del todo o en parte, bajo la dirección del pensamiento consciente del hombre y pueden realizarse de una manera del todo saludable si así lo desea.

Si no las realiza de forma saludable, no podrá estar bien durante mucho tiempo. Así, vemos que si el hombre piensa de cierta manera, y come, bebe, respira y duerme de una manera acorde con ello, estará bien.

Las funciones involuntarias de la vida del hombre están bajo el control del Principio de Salud, y mientras el hombre piense de una manera perfectamente sana, estas funciones se realizan perfectamente; porque la acción del Principio de Salud está dirigida en gran parte por el pensamiento consciente del hombre, afectando su mente subconsciente.

El hombre es un centro pensante, capaz de originar el pensamiento; y, como no lo sabe todo, se equivoca y piensa mal. Al no saberlo todo, cree que son ciertas cosas que no lo son. El hombre mantiene, en su mente, la idea de un funcionamiento y unas condiciones enfermas y anormales, y así pervierte la acción del Principio de Salud, causando un funcionamiento y unas condiciones enfermas y anormales en su propio cuerpo.

En la Sustancia Original solo se mantienen los pensamientos de movimiento perfecto, de un funcionamiento perfecto y saludable, de una vida plena. Dios nunca piensa en la enfermedad o en la imperfección. Pero, durante innumerables épocas, los hombres han albergado pensamientos de enfermedad, anormalidad, vejez y muerte; y el funcionamiento pervertido, resultante de dichos pensamientos, se ha convertido en parte de la herencia de la raza. Nuestros antepasados han mantenido, durante muchas generaciones, ideas imperfectas sobre la forma y el funcionamiento humanos, y nosotros comenzamos la vida con impresiones culturales subconscientes de imperfección y enfermedad.

Tal cosa no es natural, ni forma parte del plan de la naturaleza. El propósito de la naturaleza no puede ser otro que la perfección de la vida. Esto lo constatamos a partir la propia naturaleza de la vida. La naturaleza de la vida es avanzar continuamente hacia una vida más perfecta; el progreso es el resultado inevitable del propio acto de vivir. El aumento es siempre el resultado de la vida activa; todo lo que vive debe vivir más y más. La semilla, que reposa en el granero, contiene vida, pero no está viva. Ponla en la tierra y se vuelve activa, y de inmediato comienza a reunirse con la sustancia circundante y a construir una forma de planta. Causará un aumento, de tal manera que se producirá una espiga que contiene treinta, sesenta o cien semillas, cada una con tanta vida como la primera.

La vida, al vivir, aumenta. La vida no puede vivir sin aumentar y el impulso fundamental de la vida es vivir.

Es en respuesta a este impulso fundamental que la Sustancia Original trabaja, y crea. Dios debe vivir y no puede vivir sino en la medida en que crea y aumenta. Al multiplicar las formas, Él progresa para vivir más.

El universo es una Gran Vida que Avanza y el propósito de la naturaleza es el avance de la vida hacia la perfección, hacia el funcionamiento perfecto. El propósito de la naturaleza es la salud perfecta. El propósito de la naturaleza, en lo que concierne al hombre, es que este avance continuamente hacia más vida, y progrese hacia la vida perfecta, y que viva la vida más completa posible en su actual esfera de acción.

Esto debe ser así, porque Aquello que vive en el hombre busca más vida.

Dale a un niño pequeño un lápiz y un papel, y empezará a dibujar burdas figuras; lo que vive en él está tratando de expresarse a través el arte. Dale un juego de bloques y tratará de construir algo. Eso que vive en él está buscando expresarse en la arquitectura. Si lo sentamos frente a un piano, tratará de extraer la armonía de las teclas; lo que vive en él está tratando de expresarse en la música.

> *Lo que vive en el hombre busca siempre vivir más y, como el hombre vive más cuando goza de salud, el Principio de la Naturaleza en él solo puede buscar la salud.*

El estado natural del hombre es un estado de perfecta salud; y todo en él, y en la naturaleza, tiende a la salud.

La enfermedad no puede tener cabida en el pensamiento de la Substancia Original, porque por su propia naturaleza se ve continuamente impulsada hacia la vida más plena y perfecta; por lo tanto, hacia la salud. El hombre, tal y como existe en el pensamiento de la Sustancia sin Forma, disfruta de una salud perfecta.

La enfermedad, que es una función anormal o pervertida —un movimiento imperfecto, o realizado en la dirección de una vida imperfecta— no tiene cabida en el pensamiento de la Materia Pensante.

La Mente Suprema nunca piensa en la enfermedad. La enfermedad no fue creada ni ordenada por Dios, ni enviada por Él. Es, por completo,

LA CIENCIA DEL BIENESTAR |

un producto de una conciencia separada; del pensamiento individual del hombre. Dios, la Sustancia Sin Forma, no ve la enfermedad, no piensa en la enfermedad, no conoce la enfermedad ni la reconoce. La enfermedad solo es reconocida por el pensamiento del hombre; Dios no piensa más que en la salud.

> *De todo lo anterior, vemos que la salud es un hecho o VERDAD inherente a la sustancia original de la que todos estamos formados y que la enfermedad es un funcionamiento imperfecto, resultado de los pensamientos imperfectos de los hombres, pasados y presentes.*

Si los pensamientos del hombre sobre sí mismo hubieran sido siempre los de la salud perfecta, el hombre no podría estar ahora de otra manera que perfectamente sano.

El hombre con perfecta salud es la idea de la Sustancia Original, y el hombre con salud imperfecta es el resultado de su propio fracaso en pensar en la salud perfecta, y en realizar las funciones voluntarias de la vida, de una manera saludable. Vamos a ordenar aquí en un índice las verdades básicas de la Ciencia del Bienestar:

Existe una Sustancia Pensante de la que están hechas todas las cosas y que, en su estado original, impregna, penetra y llena los intersticios del universo. Es la vida del Todo.

El pensamiento de una forma por parte de esta Sustancia causa la forma; el pensamiento de un movimiento produce el movimiento. En relación con el hombre, los pensamientos de esta Sustancia son siempre de perfecto funcionamiento y perfecta salud.

El hombre es un centro pensante, capaz de un pensamiento original, y su pensamiento tiene poder sobre su propio funcionamiento. Al tener pensamientos imperfectos, ha causado un funcionamiento imperfecto y pervertido; y, al realizar las funciones voluntarias de la vida de manera pervertida, ha ayudado a causar la enfermedad.

Si el hombre piensa solo en pensamientos de salud perfecta, puede provocar en sí mismo el funcionamiento de la salud perfecta; todo el Poder de la Vida se ejercerá para ayudarle. Pero este funcionamiento saludable no continuará a menos que el hombre realice las funciones externas, o voluntarias, propias del vivir de manera saludable.

El primer paso que debe dar el hombre es aprender a pensar en la salud perfecta; y su segundo paso aprender a comer, beber, respirar y dormir de una manera perfectamente saludable. Si el hombre da estos dos pasos, ciertamente se pondrá bien y permanecerá así.

CAPÍTULO III

La vida y sus organismos

Es en el cuerpo humano donde reside una energía que lo renueva cuando se desgasta; una que elimina los residuos o la materia venenosa, y que repara el cuerpo cuando se daña o se hiere. A esta energía la llamamos vida. La vida no se genera o se produce dentro del cuerpo; la produce el cuerpo.

La semilla que se ha guardado en el almacén durante años crecerá cuando la plantemos en la tierra; producirá una planta. Pero la vida de la planta no es generada por su crecimiento; es la vida la que hace crecer a la planta.

La realización de la función no causa la vida; es la vida la que hace que se realice la función. La vida es lo primero; la función, lo segundo.

Es la vida la que distingue la materia orgánica de la inorgánica, pero no se produce después de la organización de la materia.

La vida es el principio o la fuerza que provoca la organización; construye los organismos. Es un principio o fuerza inherente a la Sustancia Original; toda la vida es Una. Este Principio de Vida del Todo es el Principio de Salud en el hombre, y se vuelve constructivamente activo cada vez que el hombre piensa de Determinada Manera. Por lo tanto, quien piense de esta Determinada Manera disfrutará con toda seguridad de una salud perfecta, si su forma de proceder está en conformidad con su pensamiento. Pero la forma de proceder debe ser conforme al pensamiento; el hombre no puede esperar estar bien solo pensando en la salud, si come, bebe, respira y duerme como un enfermo.

El Principio de Vida universal, por tanto, es el Principio de Salud en el hombre. Es uno con la sustancia original. Hay una Sustancia Original de la que están hechas todas las cosas; esta sustancia está viva y su vida es el Principio de Vida del universo. Esta Sustancia ha creado, a partir de sí misma, todas las formas de vida orgánica pensándolas, o pensando los movimientos y funciones que las producen.

La Sustancia Original solo piensa en la salud, porque conoce toda la verdad; no hay verdad que no se conozca en lo Sin Forma, que es el Todo y en todo. No solo conoce toda la verdad, sino que tiene todo el poder; su poder vital es la fuente de toda la energía que existe. Una vida consciente que conoce toda la verdad y que tiene todo el poder no puede equivocarse, ni realizar una función de forma imperfecta; conociendo todo, sabe demasiado como para equivocarse, y por eso el Sin Forma no puede estar enfermo ni pensar en la enfermedad.

El hombre es una forma surgida a partir de esta sustancia original y tiene una conciencia propia separada, pero su conciencia es limitada y, por lo tanto, imperfecta. A causa de su conocimiento limitado, el hombre puede pensar y piensa mal, y así provoca un funcionamiento pervertido e imperfecto en su propio cuerpo.

El hombre no ha estado alerta ante demasiados factores que podrían llevarle al fracaso. El funcionamiento enfermo o imperfecto puede no ser el resultado instantáneo de un pensamiento imperfecto, pero tarde o temprano se producirá si el pensamiento se vuelve habitual. Cualquier pensamiento que un ser humano sostenga de forma continua tiende al establecimiento de la condición correspondiente en su cuerpo.

Además, el hombre no ha aprendido a realizar las funciones voluntarias de su vida de forma saludable. No sabe cuándo, qué y cómo comer; sabe poco sobre la respiración y menos sobre el sueño. Hace todas estas cosas de manera equivocada y en condiciones equivocadas, y esto se debe a que ha descuidado seguir la única guía segura para el conocimiento de la vida. Ha intentado vivir por lógica en lugar de por instinto; ha hecho de la vida una cuestión de arte y no de naturaleza. Y se ha equivocado.

Su único remedio es empezar a hacer las cosas bien y eso es lo que puede hacer. El objetivo de este libro es enseñar toda la verdad, para que el hombre que lo lea sepa lo bastante como para equivocarse.

Pensar en la enfermedad produce las formas de la enfermedad.

El hombre debe aprender a pensar en la salud y, siendo la Sustancia Original la que toma la forma de sus pensamientos, se convertirá en la forma de la salud y manifestará la salud perfecta en todo su funcionamiento. Las personas que sanaron tocando los huesos del santo se curaron en realidad por pensar de una determinada manera, y no por ningún poder que emanara de las reliquias. No existe ningún poder curativo en los huesos de los difuntos, ya sean de santo o de pecador.

Aquellos que se curaron con las dosis del alópata o del homeópata también se curaron en realidad por pensar de una determinada manera; no hay ningún medicamento que tenga en sí mismo el poder de curar la enfermedad. Las personas que se han curado mediante oraciones y afirmaciones también se curaron pensando de determinada manera; no hay poder curativo en las cadenas de palabras.

Todos los enfermos que se han curado gracias a cualquier «sistema», han pensado de una Determinada Manera; y un pequeño examen de esta cuestión nos mostrará cuál es esta manera.

Los dos elementos esenciales del camino son la Fe y la Aplicación Personal de la Fe.

Las personas que tocaron los huesos del santo tenían fe; y tan grande era su fe que, en el preciso instante en que tocaron las reliquias, ROMPIE-RON TODA RELACIÓN MENTAL CON LA ENFERMEDAD, Y SE VINCULARON MENTALMENTE CON LA SALUD. Este cambio de mentalidad iba acompañado de un intenso SENTIMIENTO devocional que penetraba hasta lo más profundo de sus almas, movilizando así al Principio de la Salud a ejercer una poderosa acción. Por la fe afirmaban estar curados, o se apropiaban de la salud; y, con fe plena, dejaban de pensar en ellos mismos como alguien vinculado a la enfermedad y solo pensaban en relación con la salud.

Estos son los dos elementos esenciales para pensar en la Determinada Manera que te hará sanar: primero, reclamar o vincularte a la salud por la fe; y, segundo, romper toda relación mental con la enfermedad y entrar en relaciones mentales con la salud.

Lo que hacemos mentalmente, lo hacemos físicamente; y aquello a lo que nos vinculamos mentalmente, también nos vinculamos físicamente. Si tu pensamiento siempre te relaciona con la enfermedad, entonces tu pensamiento se convierte en un poder fijo para causar la enfermedad en tu interior; y, si tu pensamiento siempre te relaciona con la salud, entonces tu pensamiento se convierte en un poder fijo que trabaja para mantenerte saludable.

En el caso de las personas que se curan gracias a medicamentos, el resultado se obtiene de la misma manera. Tienen, consciente o inconscientemente, suficiente fe en los medios utilizados como para conseguir romper las relaciones mentales con la enfermedad y entrar en relaciones mentales con la salud.

La fe puede ser inconsciente. Es posible que tengamos una fe subconsciente o innata en materias tales como la medicina, en las que no creemos objetivamente en ninguna medida; y esa fe subconsciente puede ser suficiente para acelerar el Principio de Salud en la actividad constructiva. Muchos que tienen poca fe consciente se curan de esta manera, mientras que muchos otros que tienen gran fe en los medios no se curan porque no hacen una aplicación personal a ellos mismos; su fe es general, pero no específica para sus propios casos.

En *La ciencia del bienestar* tenemos que considerar dos puntos principales: primero, cómo pensar con fe; y, segundo, cómo aplicar el pensamiento a nosotros mismos para acelerar el Principio de Salud en la actividad constructiva. Comenzaremos por aprender Qué Pensar.

CAPÍTULO IV

Qué pensar

Para cortar toda relación mental con la enfermedad, debes entrar en relaciones mentales con la salud, haciendo que el proceso sea positivo y no negativo; de asunción y no de rechazo. Debes recibir o apropiarte de la salud en lugar de rechazar y negar la enfermedad.

Negar la enfermedad no logra casi nada; de poco sirve expulsar al diablo y dejar la casa vacía, porque en seguida volverá con otros peores que él. Cuando se entra en relaciones mentales plenas y constantes con la salud, es necesario cesar toda relación con la enfermedad. El primer paso en la Ciencia del Bienestar es, por tanto, entrar en completa conexión mental con la salud. La mejor manera de hacerlo es formarse una imagen mental de uno mismo como si se encontrase bien, imaginando un cuerpo perfectamente fuerte y saludable, y pasar el suficiente tiempo contemplando esta imagen hasta convertirla en el pensamiento habitual.

Esto no es tan fácil como parece; requiere dedicar un tiempo considerable a la meditación y no todas las personas tienen lo suficientemente bien desarrollada la facultad de imaginarse como para formarse una imagen mental distinta de sí mismas, en un cuerpo perfecto o idealizado. Es mucho más fácil, como en *La ciencia de hacerse rico*, formarse una imagen mental de las cosas que uno quiere tener; porque hemos visto estas cosas, o sus equivalentes, y sabemos cómo se ven; podemos imaginarlas muy fácilmente de memoria. Pero nunca nos hemos visto en un cuerpo perfecto y es difícil formarse una imagen mental clara de ello.

Sin embargo, no es necesario ni esencial tener una imagen mental clara de uno mismo tal y como desea ser; solo es esencial formarse una CONCEPCIÓN de la salud perfecta y relacionarse con ella. Esta concepción de la salud no es una imagen mental de algo en particular; es una comprensión de la salud y lleva consigo la idea de un funcionamiento perfecto en cada parte y órgano.

Puedes TRATAR de imaginarte a ti mismo como perfecto en lo físico; eso ayuda; y DEBES pensar en ti mismo como si hicieras todo a la manera de una persona perfectamente fuerte y saludable. Puedes imaginarte caminando por la calle con el cuerpo erguido y un paso vigoroso; puedes imaginarte llevando a cabo el trabajo del día con facilidad y rebosante de vigor, sin estar nunca cansado o débil; puedes imaginarte cómo haría todas las cosas una persona llena de salud y poder, y puedes hacer que tú mismo seas la figura central del cuadro, haciendo las cosas precisamente de esa manera.

Nunca pienses en la forma en que las personas débiles o enfermas hacen las cosas; piensa siempre en la forma en que las personas fuertes hacen las cosas.

Dedica tu tiempo libre a pensar en la Manera Fuerte, hasta que tengas una buena concepción de la misma; y piensa siempre en ti mismo en relación con la Manera Fuerte de hacer las cosas. Esto es a lo que me refiero al hablar de tener una concepción de la salud.

Para establecer un funcionamiento perfecto en cada parte, el hombre no tiene que estudiar anatomía o fisiología, para luego poder formarse una imagen mental de cada órgano por separado y dirigirse a él. No tiene que «tratar» su hígado, sus riñones, su estómago o su corazón.

Hay un Principio de Salud en el hombre, que tiene el control sobre todas las funciones involuntarias de su vida; y el pensamiento de la salud perfecta, impreso en este Principio, llegará a cada parte y órgano. El hígado del hombre no está controlado por un principio hepático, su estómago por un principio digestivo, y así sucesivamente; el Principio de la Salud es Uno.

Cuanto menos te adentres en el estudio detallado de la fisiología, mejor para ti. Nuestro conocimiento de esta ciencia es muy imperfecto y conduce a un pensamiento imperfecto. El pensamiento imperfecto provoca un funcionamiento imperfecto, que es la enfermedad. Permítanme ilustrar esto último: Hasta hace muy poco, la fisiología fijaba diez días como el límite extremo de la resistencia del hombre sin alimentos; se consideraba que solo en casos excepcionales podía sobrevivir a un ayuno más largo.

Así, se difundió universalmente la impresión de que quien se privaba de alimentos debía morir en un plazo de cinco a diez días; y un gran número de personas, cuando se les privaba de alimentos por naufragio, accidente o hambruna, morían en este período. Pero los estudios del Dr. Tanner, el ayuno de cuarenta días, y los escritos del Dr. Dewey y otros sobre la cura del ayuno, junto con los experimentos de innumerables personas que han ayunado de cuarenta a sesenta días, han demostrado que la capacidad del hombre para vivir sin alimentos es mucho mayor de lo que se suponía.

Cualquier persona, debidamente entrenada, puede ayunar de veinte a cuarenta días con poca pérdida de peso, y a menudo sin pérdida aparente de fuerza. Las personas que murieron de hambre en diez días o menos lo hicieron porque creían que la muerte era inevitable; una fisiología errónea les había hecho pensar mal de sí mismos.

Cuando un hombre se ve privado de alimentos, morirá en un plazo de diez a cincuenta días, según la forma en que se le haya enseñado; o, en otras palabras, según la forma en que piense al respecto. Así que veis que una fisiología errónea puede provocar resultados muy perversos.

Ninguna Ciencia del Bienestar puede fundarse en la fisiología actual; no es suficientemente exacta en sus conocimientos. Pese a todas sus pretensiones, se sabe realmente poco sobre el funcionamiento interior y los procesos del cuerpo.

No se sabe cómo se digieren los alimentos; no se sabe qué papel juegan los alimentos, si es que juegan alguno, en la generación de fuerza. No se sabe exactamente para qué sirven el hígado, el bazo y el páncreas, ni qué papel desempeñan sus secreciones en la química de la asimilación. Sobre todos estos y la mayoría de los otros puntos, teorizamos, pero no sabemos a ciencia cierta. Cuando el hombre comienza a estudiar fisiología, entra en el territorio de la teoría y la disputa; se encuentra con opiniones contradictorias y se ve obligado a formarse ideas erróneas sobre sí mismo. Estas ideas erróneas llevan a pensar en cosas equivocadas, lo que conduce a un funcionamiento pervertido y a la enfermedad.

Todo lo que el conocimiento más perfecto de la fisiología podría hacer por el hombre sería permitirle pensar solo en la salud perfecta, y comer, beber, respirar y dormir de una manera perfectamente saludable; y esto, como mostraremos, puede hacerlo sin estudiar fisiología en absoluto.

Esto, en su mayor parte, es cierto para toda lo que tiene que ver con la higiene. Hay ciertas proposiciones fundamentales que debemos conocer y estas serán explicadas en capítulos posteriores; pero, aparte de estas proposiciones, ignora la fisiología y la higiene. Tienden a llenar tu mente con pensamientos de condiciones imperfectas y estos pensamientos producirán las condiciones imperfectas en tu propio cuerpo. No puedes estudiar ninguna «ciencia» que reconozca la enfermedad y, por el contrario, no debes pensar más que en la salud.

Abandona toda investigación sobre tu estado actual, sus causas o posibles resultados, y dedícate a formar una concepción de la salud. Piensa en la salud y en las posibilidades de la salud; en el trabajo que se puede hacer y en los placeres que se pueden disfrutar en una condición de salud perfecta. Luego, haz que esta concepción sea tu guía al pensar en ti mismo; niégate a tener por un instante cualquier pensamiento de ti mismo que no esté en armonía con la misma.

Cada vez que cualquier idea de enfermedad o funcionamiento imperfecto entre en tu mente, deséchala al instante invocando un pensamiento que esté en armonía con la Concepción de la Salud.

Piensa en ti mismo en todo momento como si estuvieras realizando la concepción; como si fueras un personaje fuerte y perfectamente sano; y no albergues un pensamiento contrapuesto a ese.

Asume que, al pensar en ti mismo en unidad con esta concepción, la Sustancia Original que impregna y llena los tejidos de tu cuerpo está tomando forma de acuerdo con el pensamiento; y asume también que esta Sustancia Inteligente o materia mental hará que la función se realice de tal manera que tu cuerpo se reconstruya con células perfectamente sanas.

La Sustancia Inteligente, de la que están hechas todas las cosas, impregna y penetra todas las cosas; y así es en y a través de tu cuerpo. Se mueve de acuerdo con sus pensamientos; y así, si mantienes solo los pensamientos sobre la función perfectamente sana, causará los movimientos de la función perfectamente sana en tu interior.

Mantén con perseverancia el pensamiento de la salud perfecta en relación a ti mismo; no te permitas pensar de ninguna otra manera. Mantén este pensamiento con una fe perfecta en que es la realidad, la verdad. Es la verdad en lo que respecta a tu cuerpo mental.

Tienes un cuerpo mental y un cuerpo físico; el cuerpo mental toma forma tal como lo piensas y cualquier pensamiento que sostienes de manera continuada se hace visible por la transformación del cuerpo físico en su imagen. Implantar el pensamiento de funcionamiento perfecto en el cuerpo mental provocará, a su debido tiempo, un funcionamiento perfecto del cuerpo físico.

La transformación del cuerpo físico en la imagen del ideal que tiene el cuerpo mental no se realiza de manera instantánea; no podemos transfigurar nuestros cuerpos físicos a voluntad, como hizo Jesús. En la creación y recreación de las formas, la Sustancia se mueve a lo largo de las líneas fijas de crecimiento que ha establecido y la impresión en ella del pensamiento de salud hace que el cuerpo sano se construya célula a célula. Mantener únicamente pensamientos de salud perfecta causará a la postre un funcionamiento perfecto, y el funcionamiento perfecto producirá a su debido tiempo un cuerpo perfectamente sano. Tal vez sea conveniente condensar este capítulo en un resumen:

Tu cuerpo físico está impregnado y dotado de una Sustancia Inteligente, que forma un cuerpo de materia mental. Esta materia mental controla el funcionamiento de tu cuerpo físico. Un pensamiento de enfermedad o de funcionamiento imperfecto, impreso en la materia mental, causa enfermedad o funcionamiento imperfecto en el cuerpo físico. Si estás enfermo, es porque los pensamientos erróneos han hecho impresiones en esta materia mental; estos pueden haber sido tus propios pensamientos o los de tus padres; comenzamos la vida con muchas impresiones subconscientes, tanto correctas como incorrectas. Pero la tendencia natural de toda mente es hacia la salud y, si no se tienen otros pensamientos en la mente consciente, salvo los de salud, todo el funcionamiento interno llegará a realizarse de una manera perfectamente saludable.

CAPÍTULO V

La fe

L A Fe es el motor del Principio de la Salud; nada más puede llamar a este a la acción, y solo la fe puede permitirte relacionarte con la salud y cortar tu relación con la enfermedad, en tu mente.

Seguirás pensando en la enfermedad a menos que tengas fe en la salud. Si no tienes fe, dudarás; si dudas, temerás; y si temes, te relacionarás mentalmente con aquello que temes.

Si temes la enfermedad, pensarás en ti mismo en relación con la enfermedad y eso producirá en ti la forma y los movimientos de la enfermedad. Así como la sustancia original crea, a partir de ella misma, las formas de sus pensamientos, tu cuerpo mental, que es sustancia original, toma la forma y el movimiento de lo que piensas. Si temes a la enfermedad, tienes dudas sobre tu seguridad frente a la enfermedad, o si incluso contemplas la posibilidad de enfermedad, te conectarás con ella y crearás sus formas y movimientos en tu interior.

Permitidme ampliar un poco este punto. La potencia, o el poder creativo, de un pensamiento, se lo da la fe que hay en él.

Los pensamientos que no contienen fe no crean formas.

La Substancia Sin Forma, que conoce toda la verdad y, por lo tanto, solo piensa en la verdad, tiene una fe perfecta en cada pensamiento, porque solo piensa en la verdad; y así todos sus pensamientos crean.

Pero, si imaginas un pensamiento en la Sustancia Sin Forma en el que no tengas fe, comprobarás que tal pensamiento no podría hacer que la Sustancia se moviera o tomase forma. Ten en cuenta el hecho de que solo aquellos pensamientos que son concebidos en la fe tienen energía creativa. Solo aquellos pensamientos que llevan aparejada fe son capaces de cambiar la función o de conseguir que el Principio de la Salud se convierta en actividad.

Si no tienes fe en la salud, ciertamente que tendrás fe en la enfermedad.

Si no tienes fe en la salud, no te servirá de nada pensar en la salud, porque tus pensamientos no tendrán ninguna potencia y no provocarán ningún cambio a mejor en tus condiciones físicas. Si no tienes fe en la salud, repito, tendrás fe en la enfermedad y si, en tales condiciones, piensas en la salud durante diez horas al día, y piensas en la enfermedad solo unos minutos, el pensamiento de la enfermedad controlará tu condición porque tendrá la potencia de la fe, mientras que el pensamiento de la salud no la tendrá. Tu cuerpo mental adoptará la forma y los movimientos de la enfermedad y los conservará, porque tu pensamiento de salud no tendrá suficiente fuerza dinámica para cambiar de forma o de movimiento.

Para practicar la Ciencia del Bienestar, debes tener una fe completa en la salud.

La fe comienza en la creencia; y ahora llegamos a la pregunta: ¿Qué debes creer para tener fe en la salud?

Debes creer que hay más poder de salud que de enfermedad tanto en tu interior como en tu entorno, y no puedes evitar creerlo si consideras los hechos. Estos son los hechos:

Existe una Sustancia Pensante de la que están hechas todas las cosas y que, en su estado original, impregna, penetra y llena los intersticios del universo.

Pensar en una forma, en esta Sustancia, produce la forma; pensar en un movimiento provoca el movimiento. En relación con el hombre, los pensamientos de la Sustancia Original son siempre de perfecta salud y perfecto funcionamiento. Esta Sustancia, dentro y fuera del hombre, ejerce siempre su poder a favor de la salud.

El hombre es un centro pensante, capaz de pensamiento original. Tiene un cuerpo mental de Sustancia Original que impregna un cuerpo físico, y el funcionamiento de su cuerpo físico está determinado por la FE que tenga en su cuerpo mental. Si el hombre piensa con fe en el funcionamiento de la salud, hará que sus funciones internas se realicen de manera saludable, siempre que realice las funciones externas de manera correspondiente. Pero si el hombre piensa, con fe, en la enfermedad, o en el poder de la enfermedad, hará que su funcionamiento interno sea el de la enfermedad.

La Sustancia Inteligente Original está en el hombre, moviéndose hacia la salud; y está obrando sobre él desde todas direcciones. El hombre vive, se mueve y tiene su ser en un océano ilimitado de poder de salud, y utiliza este poder según su fe. Si se adueña de él y lo aplica a sí mismo, es todo suyo; y si se hace uno con él gracias al ejercicio de una fe incuestionable, no puede dejar de alcanzar la salud, porque el poder de esta Sustancia es todo el poder que existe.

La creencia en las afirmaciones anteriores es el fundamento de la fe en la salud. Si crees en ellas, creerás que la salud es el estado natural del hombre, y que el hombre vive en medio de la Salud Universal; que todo el poder de la naturaleza contribuye a la salud y que la salud es posible para todos, y seguramente puede ser alcanzada por todos. Debes creer que el poder de la salud en el universo es diez mil veces mayor que el de la enfermedad; creer, de hecho, que la enfermedad no tiene ningún poder, siendo solo el resultado de un pensamiento y una fe pervertidos.

Y si crees que la salud es posible para ti, y que seguramente puedes alcanzarla, y que sabes exactamente qué hacer para conseguirla, tendrás fe en la salud. Tendrás esta fe y este conocimiento si lees este libro con atención, y te decides a creer y practicar sus enseñanzas.

No se trata tan solo de estar en posesión de la fe, sino de la aplicación personal de la fe, que es lo que produce la curación. Al comenzar, debes reclamar la salud y formarte un concepto de salud y, en la medida de lo posible, de ti mismo como una persona perfectamente sana; y luego, gracias a la fe, debes afirmar que ESTÁS PONIENDO EN PRÁCTICA este principio.

No afirmes con fe que te vas a poner bien; afirma con fe que ESTÁS bien. Tener fe en la salud, y aplicarla a ti mismo, significa tener fe en que estás sano; *y* el primer paso en esto es afirmar que es la verdad.

Adopta mentalmente la actitud de estar bien, y no digas nada ni hagas nada que contradiga esta actitud. Nunca digas una palabra o asumas una actitud física que no armonice con la afirmación: «Estoy perfectamente bien». Cuando camines, hazlo con paso ligero, y sacando pecho y la cabeza levantada; vigila que en todo momento tus acciones y actitudes físicas sean las de una persona sana. Cuando descubras que has recaído en una actitud de debilidad o de enfermedad, cambia al instante; enderézate; piensa en la salud y en el poder. No te consideres de otra forma que como una persona perfectamente sana.

Una gran ayuda —quizás la más grande— en la aplicación de tu fe la encontrarás en el ejercicio de la gratitud. Siempre que pienses en ti mismo, o en tu avanzada condición, da gracias a la Gran Sustancia Inteligente por la perfecta salud que estás disfrutando.

Recuerda que, como enseñó Swedenborg, hay una afluencia continua de vida desde el Supremo, que es recibida por todas las cosas de acuerdo con sus formas; y también por el hombre, según la fe que tenga. La salud de Dios te está apremiando sin cesar; y cuando pienses en tal cosa, eleva tu mente reverentemente hacia Él, y da gracias por haber sido conducido a la Verdad y a la perfecta salud de mente y cuerpo. Mantén siempre un estado de ánimo agradecido y haz que la gratitud sea evidente en tu discurso. La gratitud te ayudará a poseer y controlar tu propio ámbito de pensamiento.

LA CIENCIA DEL BIENESTAR |

Siempre que se te presente el pensamiento de la enfermedad, reclama de inmediato la salud, y da gracias a Dios por la perfecta salud que tienes. Haz esto para que no haya lugar en tu mente para un pensamiento de enfermedad. Todo pensamiento relacionado de alguna manera con la mala salud es inoportuno y puedes darle con la puerta de tu mente en las narices, afirmando que estás bien y agradeciendo reverentemente a Dios que así sea. Pronto, los viejos pensamientos no volverán más.

La gratitud surte un doble efecto: fortalece tu propia fe y te lleva a una relación estrecha y armoniosa con el Supremo.

Crees que hay una Sustancia Inteligente de la que provienen toda la vida y todo el poder; crees que recibes tu propia vida de esta sustancia; y te relacionas estrechamente con Ella al sentir una gratitud continua. Es fácil ver que, cuanto más estrechamente te relacionas con la Fuente de la Vida, más fácilmente puedes recibir vida de ella; y también es fácil ver que tu relación con Ella es una cuestión de actitud mental.

No podemos entrar en relación física con Dios, porque Dios es materia mental y nosotros también somos materia mental; nuestra relación con Él debe ser, pues, una relación mental. Es evidente, pues, que el hombre que siente una gratitud profunda y sincera vivirá en contacto más estrecho con Dios que el hombre que nunca lo contempla con agradecimiento. La mente ingrata o desagradecida realmente niega de forma absoluta que reciba algo y corta así su conexión con el Supremo. La mente agradecida está siempre vuelta hacia el Supremo, y está siempre abierta a recibir de él, y recibirá continuamente.

El Principio de la Salud en el hombre recibe su poder vital del Principio de la Vida en el universo, y el hombre se relaciona con el Principio de la Vida por la fe en la salud, y por la gratitud por la salud que recibe. El hombre puede cultivar tanto la fe como la gratitud mediante el ejercicio adecuado de su voluntad.

CAPÍTULO VI

El ejercicio de la voluntad

En la práctica de la Ciencia del Bienestar, la voluntad no se utiliza para obligarse a uno mismo a hacer cuanto no se es realmente capaz de hacer, o para hacer cosas cuando no se es físicamente lo suficientemente fuerte para hacerlas. No ejerces tu voluntad sobre tu cuerpo físico ni tratas de obligar a la realización adecuada de la función interna por medio de la fuerza de voluntad.

Diriges la voluntad sobre la mente y la utilizas para determinar lo que debes creer, lo que debes pensar y a lo que debes prestar atención. La voluntad nunca debe usarse sobre ninguna persona o cosa externa a ti mismo, y tampoco nunca debe usarse sobre tu propio cuerpo. El único uso legítimo de la voluntad consiste en determinar a qué debes prestar atención y qué debes pensar sobre las cosas a las que prestas atención.

Toda creencia comienza con la voluntad de creer.

No se puede creer siempre y al instante lo que se quiere creer; pero siempre se puede querer creer lo que se quiere creer. Quieres creer la verdad sobre la salud, y puedes querer hacerlo. Las afirmaciones que has estado leyendo en este libro son la verdad sobre la salud, y puedes querer creerlas; este debe ser tu primer paso para ponerte bien.

Estas son las afirmaciones que debes querer creer:

- Que existe una Sustancia Pensante de la que están hechas todas las cosas, y que el hombre recibe el Principio de Salud, que es su vida, de esta Sustancia.
- Que el hombre mismo es Sustancia Pensante; un cuerpo mental que impregna un cuerpo físico, y que, según sean los pensamientos de un hombre, así será el funcionamiento de su cuerpo físico.
- Que si el hombre piensa solo en ideas de salud perfecta, debe hacer y hará que el funcionamiento interno e involuntario de su cuerpo sea el funcionamiento en salud, siempre que su funcionamiento y actitud externos y voluntarios estén de acuerdo con sus pensamientos.

Cuando quieras creer en estas afirmaciones, también debes comenzar a actuar según las mismas. No puedes mantener por mucho tiempo una creencia a menos que actúes a partir de la misma; no puedes aumentar una creencia hasta que se convierta en fe, a menos que actúes sobre ella; y, desde luego, no puedes esperar cosechar beneficios de ninguna manera de una creencia mientras actúes como si lo contrario fuera cierto.

No puedes tener fe en la salud durante mucho tiempo si sigues actuando como una persona enferma. Si sigues actuando como un enfermo, no puedes evitar seguir pensando en ti mismo como un enfermo; y si sigues pensando en ti como un enfermo, seguirás siendo un enfermo.

El primer paso para actuar, en lo externo, como una persona sana es comenzar a actuar internamente como una persona sana. Forma tu concepción de la salud perfecta y ponte a pensar en la salud perfecta hasta que empiece a tener un significado definido para ti. Imagínate a ti mismo haciendo las cosas que haría una persona fuerte y sana, y ten fe en que puedes y harás esas cosas de esa manera; continúa con esto hasta que tengas una CONCEPCIÓN vívida de la salud, y de lo que esta significa para ti.

Cuando hablo en este libro de una concepción de la salud, me refiero a una concepción que lleva consigo la idea de la forma en que una persona sana se ve a ella misma y actúa. Piensa en ti mismo en relación con la salud hasta que te formes una idea de cómo vivirías, parecerías, actuarías y harías las cosas, tal y como lo hace una persona perfectamente sana.

Piensa en ti mismo, en relación con la salud, hasta que te concibas, en la imaginación, como si siempre actuaras en la forma en que lo hace de una persona sana; hasta que el pensamiento de la salud te transmita la idea de lo que la salud significa para ti. Como he dicho en un capítulo anterior, puede que no seas capaz de formarte una imagen mental clara de ti mismo con salud perfecta, pero puedes formarte una concepción de ti mismo actuando como una persona sana.

Fórmate este concepto y, a partir de ahí, piensa solo en la salud perfecta en relación con ti mismo y, en la medida de lo posible, en relación con los demás. Cuando se te presente un pensamiento de enfermedad o dolencia, recházalo; no permitas que entre en tu mente; no lo consideres en absoluto. Enfréntate a él pensando en la salud, pensando que estás bien y agradeciendo sinceramente la salud que recibes. Siempre que las sugestiones de la enfermedad se te presenten de súbito y te encuentres «en aprietos», recurre al ejercicio de la gratitud.

Conéctate con el Supremo; da gracias a Dios por la perfecta salud que te da, y pronto te descubrirás capaz de controlar tus pensamientos y de pensar lo que quieres pensar. En los momentos de duda, de prueba y de tentación, el ejercicio de la gratitud es siempre un ancla flotante que evitará que te veas arrastrado.

> *Recuerda que el punto esencial crítico reside en CORTAR TODA RELACIÓN MENTAL CON LA ENFERMEDAD, Y ENTRAR EN PLENA RELACIÓN MENTAL CON LA SALUD. Esta es la CLAVE de toda curación mental; lo es todo.*

Aquí vemos el secreto del gran éxito de la Ciencia Cristiana; más que cualquier otro sistema formulado de prácticas, insiste en que sus conversos deben cortar las relaciones con la enfermedad y relacionarse totalmente con la salud. El poder curativo de la Ciencia Cristiana no está en sus fórmulas teológicas, ni en su negación de la materia, sino en el hecho de que induce a los enfermos a ignorar la enfermedad, considerándola algo irreal, y a aceptar la salud por fe como una realidad.

Sus fracasos se deben a que sus practicantes, si bien piensan de Determinada Manera, no comen, beben, respiran y duermen de forma acorde con ella.

Aunque no hay ningún poder curativo en la repetición de cadenas de palabras, sin embargo, resulta de lo más conveniente tener los pensamientos centrales tan definidos que puedas repetirlos con facilidad, de modo que puedas utilizarlos como afirmaciones siempre que estés rodeado de un entorno que te proporcione sugerencias adversas. Cuando los que te rodean comiencen a hablar de enfermedad y muerte, cierra los oídos y afirma mentalmente algo como lo siguiente:

- Existe una Sustancia, y yo soy esa Sustancia.
- Esa Sustancia es eterna, y es la Vida; yo soy esa Sustancia, y soy la Vida Eterna.
- Esa sustancia no conoce la enfermedad; yo soy esa sustancia y soy la salud.

Ejercita tu fuerza de voluntad eligiendo solo aquellos pensamientos que sean pensamientos de salud y organiza tu entorno de manera que te sugiera pensamientos de salud. No tengas a tu alrededor libros, cuadros u otras cosas que te sugieran muerte, enfermedad, deformidad, debilidad o edad; ten solo aquellos que te transmitan ideas de salud, poder, alegría, vitalidad y juventud.

Cuando te encuentres con un libro o cualquier otra cosa que te sugiera enfermedad, no le prestes atención. Piensa en tu concepción de la salud, y en tu gratitud, y afirma como se ha dicho más arriba; usa tu fuerza de voluntad para fijar tu atención en pensamientos de salud. En un capítulo futuro volveré a tratar este punto; lo que quiero dejar claro aquí es que solo debes pensar en la salud, reconocer solo la salud y prestar atención solo a la salud; y que debes controlar el pensamiento, el reconocimiento y la atención mediante el uso de tu voluntad.

No trates de usar tu voluntad para obligar a la realización de la función saludable dentro en tu interior. El Principio de la Salud se encargará de ello, si solo prestas atención a los pensamientos de salud.

No intentes ejercer tu voluntad sobre lo Sin Forma para obligarlo a darte más vitalidad o poder; ya está poniendo todo el poder que hay a tu servicio.

No tienes que usar tu voluntad para imponerte a las condiciones adversas o para someter a las fuerzas hostiles; no hay fuerzas hostiles; solo hay Una Fuerza, y esa fuerza es amigable contigo; es una fuerza que genera la salud.

> *Todo en el universo quiere que estés bien; no tienes que superar absolutamente nada más que tu propio hábito de pensar de una manera determinada sobre la enfermedad, y solo puedes hacerlo formando un hábito de pensar de otra Determinada Manera sobre la salud.*

El hombre puede hacer que todas las funciones internas de su cuerpo se realicen de manera perfectamente sana, pensando continuamente de una Determinada Manera y realizando las funciones externas de una manera determinada.

Puede pensar de esta Determinada Manera controlando su atención y puede controlar su atención mediante el uso de su voluntad.

Puede decidir en qué cosas va a pensar.

CAPÍTULO VII

La salud gracias a Dios

DEDICARÉ aquí un capítulo a explicar cómo el hombre puede recibir salud del Supremo. Por el Supremo entiendo la Sustancia Pensante de la que están hechas todas las cosas, y que está en todo y a través de todo, buscando manifestarse de la forma más completa y en una vida más plena. Esta Sustancia Inteligente, en un estado perfectamente fluido, impregna y penetra todas las cosas, y está en contacto con todas las mentes. Es la fuente de toda energía y poder, y constituye la «afluencia» de vida que Swedenborg vio, y que vivifica todas las cosas. Trabaja con un fin definido y para el cumplimiento de un propósito, y ese propósito es el avance de la vida hacia la expresión completa de la Mente. Cuando el hombre se armoniza con esta Inteligencia, ésta puede darle, y le dará, salud y sabiduría. Cuando el hombre se aferra firmemente al propósito de vivir más abundantemente, entra en armonía con esta Inteligencia Suprema.

El propósito de la Inteligencia Suprema es la Vida más Abundante para todos; el propósito de esta Inteligencia Suprema para ti es que vivas con mayor abundancia. Si, por tanto, tu propio propósito es vivir más abundantemente, estás unificado con lo Supremo; estás trabajando con Él, y ella debe trabajar contigo. Pero como la Inteligencia Suprema está en todo, si te armonizas con ella, debes armonizarte con todo; y debes desear una vida más abundante para todos, así como para ti. Se obtienen dos grandes beneficios al estar en armonía con la Inteligencia Suprema.

El primero es que recibirás sabiduría. Por sabiduría no me refiero tanto al conocimiento de los hechos como a la capacidad de percibir y comprender tales hechos, y de juzgar con sensatez y actuar correctamente en todos los asuntos relacionados con la vida.

> *La sabiduría es el poder de percibir la verdad y la capacidad de hacer el mejor uso del conocimiento de la verdad.*

Es el poder de percibir a la vez el mejor fin que se debe perseguir y los medios más adecuados para alcanzarlo. Con la sabiduría viene el equilibrio y el poder de pensar correctamente, de controlar y guiar tus pensamientos, y de evitar las dificultades que provienen del pensamiento equivocado. Gracias a la sabiduría, serás capaz de seleccionar los cursos correctos a seguir para cubrir tus necesidades particulares, así como de gobernarte a ti mismo en todos los sentidos, para asegurar los mejores resultados. Sabrás cómo hacer lo que quieres hacer. Puedes ver con facilidad que la sabiduría debe ser un atributo esencial de la Inteligencia Suprema, ya que Aquello que conoce toda la verdad debe ser sabio; y también puedes ver que, justo en la medida en que armonices y unifiques tu mente con esa Inteligencia, tendrás sabiduría.

Pero repito que, puesto que esta Inteligencia es el Todo y está en todo, solo puedes acceder a su sabiduría armonizándote con todo. Si hay algo en tus deseos o en tu propósito que cause opresión a alguien, o trabaje con injusticia, o haga perder la vida a alguien, no puedes recibir la sabiduría del Supremo. Además, tu propósito para ti mismo debe ser el mejor.

El hombre puede vivir de tres grandes maneras: para la gratificación de su cuerpo, para la de su intelecto o para la de su alma. La primera se logra satisfaciendo los deseos de comida, bebida y aquellas otras cosas que nos aportan sensaciones físicas agradables. La segunda se logra haciendo aquellas cosas que causan sensaciones mentales agradables, como la satisfacción del deseo de conocimiento o de ropa fina, fama, poder, etc. La tercera se logra dando paso a los instintos del amor desinteresado y el altruismo. El

CAPÍTULO VIII

Resumen de acciones
mentales

P ERMITIDME ahora resumir las acciones y actitudes mentales necesarias
para la práctica de la Ciencia del Bienestar: en primer lugar, creer que
existe una Sustancia Pensante, de la que están hechas todas las cosas y que,
en su estado original, impregna, penetra y llena los intersticios del universo. Esta Sustancia es la Vida de Todo, y busca expresar más vida en todo.
Es el Principio de Vida del universo, y el Principio de Salud en el hombre.

El hombre es una forma de esta Sustancia, y extrae su vitalidad de
ella; es un cuerpo mental, hecho de sustancia original, que impregna un
cuerpo físico, y los pensamientos de su cuerpo mental controlan el funcionamiento de su cuerpo físico. Si el hombre no tiene más pensamientos
que los de la salud perfecta, las funciones de su cuerpo físico se realizarán
de manera perfecta.

Si quieres relacionarte conscientemente con el Todo-Salud, tu propósito debe ser vivir con plenitud en cada plano de tu ser. Debes querer todo
cuanto hay en la vida para el cuerpo, la mente y el alma; y eso te pondrá
en armonía con toda la vida que existe. La persona que esté en armonía
consciente e inteligente con el Todo, recibirá una afluencia continua de
poder vital de la Vida Suprema; y tal afluencia se ve impedida por las
actitudes mentales de ira, egoísmo o antagonismo. Si estás en contra de
alguna parte, has cortado las relaciones con todo; recibirás vida, pero

solo de forma instintiva y automática; no de forma inteligente y decidida. Puedes ver que, si eres mentalmente antagónico a cualquier parte, no puedes estar en completa armonía con el Todo; por lo tanto, como Jesús ordenó, reconcíliate con todos y con todo antes de prestar adoración. Desea para todos todo lo que quieres para ti.

Se recomienda al lector que lea lo que hemos dicho en una obra anterior**** sobre la mente Competitiva y la mente Creativa. Es muy dudoso que quien ha perdido la salud pueda recuperarla completamente mientras permanezca anclado en la mente competitiva.

Estando en el plano Creativo o de Buena voluntad con la mente, el siguiente paso es formar una concepción de uno mismo gozando de perfecta salud, y no mantener ningún pensamiento que no está en plena armonía con tal concepción. Ten fe en que, si piensas solo en términos de salud, establecerás en tu cuerpo físico el funcionamiento saludable; y utiliza tu voluntad para determinar que solo pensarás en términos de salud.

No pienses nunca en ti mismo como alguien enfermo, o como susceptible de estarlo; no pienses nunca en la enfermedad en relación contigo mismo. Y, en la medida de lo posible, excluye de tu mente todos los pensamientos de enfermedad en relación con los demás. Rodéate, lo más que puedas, de cosas que te sugieran ideas de fuerza y salud.

> *Ten fe en la salud y acéptala como algo presente en tu vida. Reclama la salud como una bendición que te ha otorgado la Vida Suprema y sé profundamente agradecido en todo momento. Reclama la bendición por fe; asume que es tuya y nunca admitas un pensamiento contrario en su mente.*

Utiliza tu fuerza de voluntad para apartar tu atención de toda apariencia de enfermedad en ti y en los demás; no estudies la enfermedad, ni pienses en ella, ni hables de ella. En todo momento, cuando el pensamien-

---

**** *La ciencia de hacerse rico.*

to de la enfermedad se imponga en ti, avanza hacia la posición mental de gratitud orante por tu perfecta salud.

Las acciones mentales necesarias para estar bien pueden resumirse ahora en una sola frase: Formar un concepto de ti mismo como alguien que goza de perfecta salud, y concebir solo aquellos pensamientos que estén en armonía con tal concepto. Esto, junto con la fe y la gratitud, y el propósito de vivir realmente, cubre todos los requisitos. No es necesario hacer ejercicios mentales de ningún tipo, excepto los descritos en el capítulo titulado «El ejercicio de la Voluntad», ni entregarse a agotadoras «acrobacias» en forma de afirmaciones, etc. No es necesario concentrar la mente en las partes afectadas; es mucho mejor no pensar en ninguna parte como afectada.

No es necesario «tratarse» a uno mismo por medio de la autosugestión, ni hacer que otros lo traten de ninguna manera. El poder que cura es el Principio de la Salud en tu interior y, para convocar a este Principio a la Acción Constructiva solo es necesario, habiéndote armonizado con la Mente Suprema, reclamar la Salud Suprema a través de la FE, y mantener esa reclamación hasta que se manifieste físicamente en todas las funciones de tu cuerpo.

Sin embargo, para mantener esta actitud mental de fe, gratitud y salud, tus actos externos deben ser solo los de alguien saludable. No puedes mantener durante mucho tiempo la actitud interna de una persona sana si sigues realizando los actos externos de una persona enferma. Es esencial no solo que cada uno de tus pensamientos sea un pensamiento de salud, sino que cada uno de tus actos sea un acto de salud, realizado de manera saludable.

Si hacéis de cada pensamiento un pensamiento de salud, y de cada acto consciente un acto de salud, debe seguir a esto, de manera infalible, que cada función interna e inconsciente llegue a ser saludable; porque todo el poder de la vida se está ejerciendo continuamente hacia la salud. A continuación, consideraremos cómo se puede hacer de cada acto un acto de salud.

CAPÍTULO IX

Cuándo comer

No se puede construir y mantener un cuerpo perfectamente sano solo a través de la acción mental, o por la única realización de las funciones inconscientes o involuntarias. Hay ciertas acciones, más o menos voluntarias, con una relación directa e inmediata con la continuación de la vida misma; estas son comer, beber, respirar y dormir.

No importa cuál sea el pensamiento o la actitud mental del hombre, no puede vivir si no come, bebe, respira y duerme; y, además, no puede estar bien si come, bebe, respira y duerme de manera antinatural o equivocada. Por lo tanto, es de vital importancia que aprendáis la manera correcta de realizar estas funciones voluntarias, y procederé a mostraros esta manera, comenzando por la cuestión de la alimentación, que es la más importante.

Ha habido una gran controversia en cuanto a cuándo comer, qué comer, cómo comer y cuánto comer; y toda esta controversia es innecesaria, porque la Determinada Manera es muy fácil de llevar a cabo. Solo tenéis que considerar la ley que rige todo logro, ya sea en cuestiones de salud, riqueza, poder o felicidad; y esa ley es que debéis hacer lo que podéis hacer ahora, donde estáis ahora; realizar cada acto separado de la manera más perfecta posible y poner el poder de la fe en cada acción.

Los procesos de digestión y asimilación se encuentran bajo la supervisión y el control de una división interna de la mentalidad del hombre, que generalmente se denomina *mente subconsciente* y utilizaré tal término aquí para que se me entienda.

La mente subconsciente está a cargo de todas las funciones y procesos de la vida; y, cuando el cuerpo necesita más alimento, lo hace saber provocando una sensación llamada hambre.

Siempre que se necesita comida, y esta está disponible, hay hambre; y siempre que hay hambre es el momento de comer. Cuando no hay hambre, es antinatural e incorrecto comer, por muy grande que pueda PARECER la necesidad de alimento. Aunque estés en una condición de aparente inanición, sufriendo de emaciación***** severa, si no hay hambre, eso te indica que NO SE PUEDE USAR EL ALIMENTO, y será antinatural y erróneo que comas.

Aunque no hayas comido durante días, semanas o meses, si no tienes hambre puedes estar perfectamente seguro de que no se debe recurrir a la comida y probablemente no servirá de nada si se ingiere. Siempre que se necesite comida, si hay poder para digerirla y asimilarla, de modo que pueda ser utilizada normalmente, la mente subconsciente anunciará el hecho mediante un hambre manifiesta.

Los alimentos, tomados cuando no hay hambre, serán a veces digeridos y asimilados, gracias a que la Naturaleza hace un esfuerzo especial para realizar la tarea que se le impone en contra de su voluntad; pero si los alimentos se toman habitualmente cuando no hay hambre, el poder digestivo resulta al cabo destruido y se causan innumerables males.

Si lo anterior es cierto —y lo es, indiscutiblemente—, es una proposición evidente que el momento natural, y el momento saludable, para

---

***** Malnutrición que causa delgadez y debilidad, y que puede llevar a la muerte (*N. del T.*).

comer, es cuando se tiene hambre; y que nunca es una acción natural o saludable comer cuando no se tiene hambre. Por lo tanto, es fácil resolver científicamente la cuestión de cuándo comer. Come SIEMPRE que tengas hambre y NUNCA comas cuando no tengas hambre. Esto es obediencia a la naturaleza, que es obediencia a Dios.

Sin embargo, no debemos dejar de aclarar la distinción entre hambre y apetito. El hambre es la llamada de la mente subconsciente para que se utilice más material con el objetivo de reparar y renovar el cuerpo, y para mantener el calor interno; y el hambre nunca se siente a menos que haya necesidad de más material, y a menos que haya poder para digerirlo cuando se toma en el estómago.

El apetito es un deseo de gratificación de la sensación. El borracho tiene apetito por el licor, pero no puede tener hambre del mismo. Una persona bien alimentada no puede tener hambre de caramelos o dulces; el deseo de tales cosas es un apetito.

No puede tener hambre de té, de café, de alimentos condimentados, ni de los diversos artificios gustativos del cocinero experto; si desea estas cosas, es con apetito, no con hambre.

> El hambre es la llamada de la naturaleza para obtener el material que se utilizará en la construcción de nuevas células, y la naturaleza nunca pide nada que no pueda ser utilizado legítimamente para dicho propósito.

El apetito es a menudo, en gran parte, una cuestión de hábitos; si se come o se bebe a una hora determinada, y especialmente si se toman alimentos azucarados o condimentados y estimulantes, el deseo aparece regularmente a la misma hora; pero este deseo habitual de comida no debe confundirse nunca con el hambre. El hambre no aparece a horas determinadas. Solo aparece cuando el trabajo o el ejercicio han destruido suficiente tejido como para que sea necesaria la ingesta de nuevas materias primas.

Por ejemplo, si una persona se ha alimentado suficientemente el día anterior, es imposible que sienta verdadera hambre al levantarse tras un sueño reparador. Durante el sueño, el cuerpo se recarga de energía vital y la asimilación de los alimentos que se han tomado durante el día se completa; el sistema no tiene necesidad de alimentos inmediatamente después del sueño, a menos que la persona haya ido a descansar en un estado de inanición. Con un sistema de alimentación razonablemente cercano a uno natural, nadie puede tener un hambre real por tomar un desayuno de primera mañana.

No es posible tener un hambre normal o genuina inmediatamente después de levantarse de un sueño profundo. El desayuno de la madrugada se toma siempre para gratificar el apetito, nunca para satisfacer el hambre. No importa quién seas o cuál sea tu condición; no importa lo mucho que trabajes, o lo mucho que te expongas: a menos que vayas a tu cama hambriento, no puedes levantarte de tu lecho con hambre.

El hambre no lo causa el sueño, sino el trabajo. Y no importa quién seas o cuál sea tu condición, o cuán duro o fácil sea tu trabajo, el llamado plan de no desayunar es el plan correcto para ti. Es el plan adecuado para todos, porque se basa en la ley universal de que el hambre nunca llega hasta que se GANA.

Soy consciente de que contra esto protestará el gran número de personas que «disfrutan» de sus desayunos; aquellos cuyo desayuno es su «mejor comida»; los que creen que su trabajo es tan duro que no pueden «pasar la mañana con el estómago vacío», etc. Pero todos sus argumentos caen ante los hechos.

Disfrutan de su desayuno como el que disfruta de su bebida matutina, porque este satisface un apetito habitual y no porque colme una necesidad natural. Es su mejor comida por la misma razón por la que su bebida matutina es la mejor bebida del bebedor. Y PUEDEN vivir sin ella, porque millones de personas, de todos los oficios y profesiones, SÍ viven sin ella y son mucho mejores por hacerlo. Si quieres vivir de acuerdo con la Ciencia del Bienestar, no debes comer NUNCA HASTA HABERTE GANADO EL HAMBRE.

Pero, si no como al levantarme por la mañana, ¿cuándo tomaré mi primera comida? En noventa y nueve casos de cada cien las doce, el mediodía, es suficientemente temprano; y, por lo general, es la hora más conveniente. Si estáis realizando un trabajo pesado, tendréis a mediodía un hambre suficiente para justificar una comida considerable y, si vuestro trabajo es liviano, probablemente tendréis todavía hambre suficiente para una comida moderada.

La mejor regla o ley general que puede establecerse es que debes tomar tu primera comida del día a mediodía, si tienes hambre; y si no tienes hambre, espera hasta que la tengas.

¿Y cuándo debo hacer la segunda comida?

No la hagas en absoluto, a no ser que tengas necesidad de la misma y eso con un hambre genuinamente ganada. Si tienes hambre como para una segunda comida, come en el momento más conveniente; pero no comas hasta que tengas un hambre realmente ganada.

El lector que desee informarse plenamente sobre las razones de esta forma de organizar los horarios de las comidas, encontrará los mejores libros al respecto citados en el prefacio de esta obra. Sin embargo, de lo anterior se desprende fácilmente que la Ciencia del Bienestar responde con sencillez a la pregunta: ¿Cuándo y con qué frecuencia debo comer? La respuesta es: Come cuando tengas un hambre ganada y nunca comas en otro momento.

CAPÍTULO X

Qué comer

L AS ciencias actuales de la medicina y la higiene no han hecho ningún progreso a la hora de responder a la pregunta ¿qué debo comer? Las polémicas entre los vegetarianos y los carnívoros, los defensores de los alimentos cocinados, los defensores de los alimentos crudos y diversas «escuelas» de teóricos parecen ser interminables; y, a partir de las montañas de pruebas y argumentos acumulados a favor y en contra de cada teoría en concreto, resulta evidente que, si dependemos de estos científicos, nunca sabremos cuál es el alimento natural del hombre.

Apartándonos de toda controversia, por tanto, haremos la pregunta a la propia naturaleza y descubriremos que esta no nos ha dejado sin respuesta. La mayoría de los errores de los científicos dietéticos nacen de una premisa falsa en cuanto al estado natural del hombre. Se supone que la civilización y el desarrollo mental son cosas antinaturales; que el hombre que vive en una casa moderna, en la ciudad o en el campo, y que trabaja en el comercio o la industria modernos para ganarse la vida, lleva una vida antinatural y se encuentra en un entorno antinatural; que el único hombre «natural» es un salvaje desnudo, y que cuanto más nos alejamos del salvaje, más nos alejamos de la naturaleza.

Esto es un error. El hombre que tiene todo lo que el arte y la ciencia pueden darle está llevando la vida más natural, porque está viviendo con mayor plenitud en todas sus facultades. El habitante de un piso de la ciudad bien equipado, con comodidades modernas y buena ventilación, está viviendo una vida mucho más naturalmente humana que el salvaje australiano que vive en un árbol hueco o en un agujero en el suelo.

La Gran Inteligencia, que está en todo y a través de todo, ha resuelto de forma práctica la cuestión de lo que debemos comer. Al ordenar los asuntos de la naturaleza, ha decidido que la alimentación del hombre sea acorde con la zona en la que vive. En las regiones gélidas del lejano Norte, se requieren alimentos combustibles. El desarrollo del cerebro no es grande, ni la vida se muestra severa al exigir trabajo al músculo; y así los esquimales viven en gran parte de la grasa de los animales acuáticos.

No es posible para ellos otra dieta; no podrían conseguir frutas, nueces o vegetales aunque estuvieran dispuestos a comerlos, y no podrían vivir de ellos en ese clima, si pudieran conseguirlos. Así que, a pesar de los argumentos de los vegetarianos, los esquimales seguirán viviendo de las grasas animales.

Por otro lado, a medida que nos acercamos a los trópicos, descubrimos que los alimentos combustibles son menos necesarios; y encontramos que la gente se inclina naturalmente hacia una dieta vegetariana. Millones de personas viven a base de arroz y frutas, y el régimen alimenticio de un pueblo esquimal, si se siguiera en el ecuador, provocaría una muerte rápida. Una dieta «natural» para las regiones ecuatoriales estaría muy lejos de ser una dieta natural cerca del Polo Norte; y la gente de cualquier zona, si no sufre la intromisión de los «científicos» médicos o dietéticos, será guiada por la Inteligencia Total, que busca una vida más plena en todos, para que se alimenten de la mejor manera a la hora de promover la salud perfecta.

En general, podéis comprobar que Dios, obrando en la naturaleza y en la evolución de la sociedad y las costumbres humanas, ha respondido a vuestra pregunta sobre lo que debéis comer; y os aconsejo que toméis su respuesta con preferencia a la de cualquier hombre.

En las zona templadas se plantean las mayores exigencias al hombre en cuanto al espíritu, la mente y el cuerpo; y aquí encontramos la mayor variedad de alimentos proporcionados por la naturaleza. Y es de verdad inútil y superfluo teorizar sobre la cuestión de qué deben comer las masas, porque no tienen elección; deben comer los alimentos que son los productos básicos de la zona en la que viven. Es imposible suministrar a todo el pueblo una dieta de frutos secos o alimentos crudos; y el hecho de que sea imposible es una prueba positiva de que estos no son los alimentos previstos por la naturaleza, ya que la naturaleza, al estar formada para el avance de la vida, no ha hecho imposible la obtención de los medios de vida. Así que afirmo que la pregunta de ¿qué debo comer? ya os la han contestado. Comed trigo, maíz, centeno, avena, cebada, trigo sarraceno; comed verduras; comed carnes, comed frutas, comed las cosas que comen las masas del mundo, pues, en este asunto, la voz del pueblo es la voz de Dios.

Han sido guiados, en general, a la selección de ciertos alimentos; y han sido guiados, en general, a preparar estos alimentos en formas generalmente similares; y podéis estar seguros de que, en general, disponen de los alimentos correctos y los están preparando de la manera correcta. En estos asuntos, la raza ha estado bajo la guía de Dios. La lista de alimentos de uso común es larga y debes seleccionarlos de acuerdo con tu gusto individual; si lo haces, descubrirás que dispones de una guía infalible, como se muestra en los dos capítulos siguientes.

Si no comes hasta que tengas un hambre bien GANADA, no encontrarás a tu gusto exigiendo alimentos no naturales o insalubres. El leñador, que ha blandido su hacha continuamente, desde las siete de la mañana hasta el mediodía, no viene clamando por bollos de crema y confitería; quiere carne de cerdo y frijoles, o filete de vaca y patatas, o pan de maíz y repollo; pide los sólidos simples.

Ofrécele unas nueces y un plato de lechuga, y él responderá a eso con un enorme desprecio; esas cosas no son alimentos naturales para un trabajador. Y si no son alimentos naturales para un obrero, no lo son para ningún otro hombre; porque el hambre causada por el trabajo es la única hambre real y requiere de los mismos materiales para satisfacerla, ya sea en un leñador o en un banquero, en un hombre, en una mujer o en un niño.

Es un error suponer que los alimentos deben seleccionarse con ansioso cuidado para adaptarlos a la vocación de la persona que come. No es cierto que el leñador requiera alimentos «pesados» o «sólidos» y el contable alimentos «ligeros». Si eres un contable o cualquier otro tipo de trabajador intelectual, y no comes hasta que tengas un hambre GANADA, querrás exactamente los mismos alimentos que quiere el leñador. Tu cuerpo está hecho exactamente de los mismos elementos que el del leñador, y requiere los mismos materiales para la construcción de células; ¿por qué, entonces, alimentarlo a él con jamón y huevos y pan de maíz y a ti con galletas y tostadas?

Es cierto que la mayor parte de su desgaste es de músculo, mientras que la mayor parte de los tuyos son de tejido cerebral y nervioso; pero también es cierto que la dieta del leñador contiene todos los elementos para la construcción del cerebro y los nervios, en proporciones mucho mayores que las que se encuentran en la mayoría de los alimentos «ligeros». Los mejores trabajos cerebrales del mundo se han hecho gracias a la comida de los trabajadores. Los más grandes pensadores han vivido invariablemente de los alimentos sólidos comunes entre las masas.

Dejemos que el contable espere hasta que tenga un hambre ganada antes de comer; y entonces, si quiere jamón, huevos y pan de maíz, por supuesto que los coma; pero que recuerde que no necesita ni la vigésima parte de la cantidad que es necesaria para el leñador.

No es el consumo de alimentos «sustanciosos» lo que provoca la indigestión del trabajador intelectual; es el consumo de la cantidad que necesitaría un trabajador muscular. La indigestión nunca la causa el comer para aplacar el hambre; siempre es causada por comer para satisfacer el apetito.

Si coméis de la manera prescrita en el próximo capítulo, vuestro gusto se volverá pronto tan natural que nunca QUERRÉIS nada que no podáis comer sin sufrir daño y podréis dejar de lado para siempre toda la ansiosa cuestión de qué comer, para comer simplemente lo que queráis. De hecho, esa es la única manera de hacerlo, si no quieres pensar en otra cosa que no sea la salud; porque no puedes pensar en la salud mientras estés en continua duda e incertidumbre sobre si estás recibiendo el suministro correcto.

«No os preocupéis por lo que vais a comer», dijo Jesús, y habló con sabiduría. Los alimentos que se encuentran en la mesa de cualquier familia ordinaria de clase media o trabajadora nutrirán tu cuerpo a la perfección, si comes en los momentos adecuados y de la manera correcta. Si quieres carne, cómela y, si no la quieres, no la comas, y no supongas que debes encontrar algún sustituto especial para la misma. Se puede vivir perfectamente con lo que queda en cualquier mesa después de retirar la carne.

No es necesario preocuparse por una dieta «variada» a la hora de obtener todos los elementos necesarios. Los chinos y los hindúes construyen cuerpos muy buenos y cerebros excelentes con una dieta poco variada, en la que el arroz constituye casi la totalidad de la misma. Los escoceses son física y mentalmente fuertes alimentándose con pasteles de avena, y el irlandés es fornido de cuerpo y brillante de mente con patatas y cerdo. El grano de trigo contiene prácticamente todo lo necesario para la construcción del cerebro y del cuerpo; y un hombre puede vivir muy bien con una monodieta de alubias blancas.

> *Forma un concepto de salud perfecta para ti mismo y no mantengas ningún pensamiento que no sea un pensamiento de salud. No comas nunca hasta que tengas un HAMBRE GANADA. Recuerda que no te hará el menor daño pasar hambre durante un corto periodo de tiempo, pero que seguramente te hará daño comer cuando no tengas hambre.*

No pienses ni lo más mínimo en lo que debes o no debes comer; simplemente come lo que te pongan delante, seleccionando lo que más te guste. En otras palabras, come lo que quieras. Esto lo puedes hacer con resultados perfectos si comes de la manera correcta; y cómo hacerlo se explicará en el próximo capítulo.

CAPÍTULO XI

Cómo comer

Es un hecho probado que el hombre mastica de forma natural su comida. Los pocos dietistas que sostienen que debemos engullir nuestro alimento, a la manera de los perros y otros animales inferiores, ya no reciben crédito alguno; sabemos que debemos masticar nuestra comida. Y, si es algo natural que mastiquemos nuestra comida, cuanto más la mastiquemos, más natural debe ser el proceso. Si se mastica cada bocado hasta convertirlos en un puré, no hay que preocuparse lo más mínimo por lo que se va a comer, ya que podemos obtener suficiente alimento de cualquier comida ordinaria.

Que esta masticación sea o no una tarea fastidiosa y laboriosa, o un proceso muy agradable, depende de la actitud mental con la que llegues a la mesa. Si tu mente y tu actitud están puestas en otras cosas, o si estás ansioso o preocupado por los negocios o los asuntos domésticos, te resultará casi imposible comer sin engullir más o menos la comida. Debes aprender a vivir de manera tan científica que no tengas que preocuparte por los negocios o los asuntos domésticos; es algo que puedes llegar a conseguir, como también puedes aprender a prestar toda tu atención al acto de comer mientras estás en la mesa.

Cuando comas, hazlo con el único propósito de obtener todo el placer que puedas sacar de esa comida; aparta todo lo demás de tu mente y no dejes que nada aleje tu atención de la comida y de su sabor, hasta que hayas terminado. Mantén una alegre confianza porque, si sigues estas instrucciones, SABRÁS que la comida que comes es exactamente la correcta, y que te «sentará» de maravilla.

Siéntate a la mesa con alegre confianza, y toma una porción moderada de comida; come lo que te parezca más deseable. No elijas una comida porque creas que será buena para ti; elige lo que te sepa bien. Si quieres ponerte bueno y mantenerte bien, debes dejar de lado esa idea de que has de hacer cosas porque son buenas para tu salud, y empieza a hacer cosas porque quieres hacerlas. Selecciona la comida que más te apetezca; da gracias a Dios por haber aprendido a comerla de tal manera que su digestión sea perfecta y toma porciones moderadas de la misma.

No fijes tu atención en el acto de masticar; fíjala en DEGUSTAR la comida, y saboréala y disfrútala hasta que se reduzca a un estado licuado y pase por tu garganta mediante la deglución involuntaria. No importa el tiempo que tardes, no pienses en el tiempo. Piensa en el sabor. No permitas que tus ojos vaguen por la mesa, especulando sobre lo que vas a comer a continuación; no te preocupes por miedo a que no haya suficiente y a que no tengas tu parte de lo servido. No anticipes el sabor de lo siguiente; mantén tu mente centrada en el sabor de lo que tienes en la boca. Y eso es todo.

Comer de forma científica y saludable es un proceso delicioso una vez que se ha aprendido a hacerlo y, después de haber superado el viejo y malhadado hábito de engullir la comida sin masticar. Es mejor no mantener demasiada conversación mientras se come; hay que ser alegre, pero no hablador; hay que hablar después.

En la mayor parte de los casos, se requiere cierto ejercicio de la voluntad para desarrollar el hábito de comer correctamente. El hábito de engullir es antinatural y, sin duda, es un producto del miedo. El miedo a que nos roben la comida, el miedo a no obtener nuestra parte de las cosas buenas, el miedo a perder un tiempo precioso; esas son las causas de la prisa. Además, está la anticipación de los manjares que vendrán a la hora del postre y el consiguiente deseo de llegar a ellos lo más rápido posible;

y a eso hay que sumar la abstracción mental o el pensar en otros asuntos mientras se come. Todo esto hay que superarlo.

Cuando veas que tu mente está divagando, detente; piensa por un momento en la comida y en lo bien que sabe; en la perfecta digestión y asimilación que va a seguir a la comida, y comienza de nuevo. Comienza una y otra vez, aunque debas hacerlo veinte veces en el curso de una sola comida; y una y otra vez, aunque debas hacerlo en cada comida durante semanas y meses. Es perfectamente cierto que tú PUEDES desarrollar el «hábito Fletcher»****** si perseveras y, cuando lo hayas conseguido, experimentará un placer saludable que nunca ha conocido.

Este es un punto vital y no debo proseguir hasta que lo hayas grabado a fondo en tu mente. Si disponemos de los materiales adecuados, perfectamente preparados, el Principio de la Salud te construirá sin lugar a dudas un cuerpo perfectamente sano; y no puedes preparar los materiales, de forma satisfactoria, de ninguna otra manera excepto como te lo estoy describiendo.

Si quieres gozar de una salud perfecta, DEBES comer de esta manera; puedes hacerlo, y conseguirlo es solo cuestión de un poco de perseverancia. ¿De qué te sirve hablar de control mental si no te gobiernas a ti mismo en algo tan sencillo como dejar de engullir la comida? ¿De qué sirve hablar de concentración si no puedes mantener tu mente puesta en el acto de comer durante un espacio tan corto como quince o veinte minutos, especialmente cuando dispones de todos los placeres del gusto para ayudarte?

Persevera y triunfa. En unas pocas semanas, o meses, según sea el caso, encontraras que el hábito de comer científicamente se ha fijado en tu rutina; y pronto estarás en una condición tan espléndida, mental y físicamente, que nada te inducirá a volver a los viejos y malsanos hábitos.

****** Horace Fletcher fue un dietista de comienzos del siglo xx, apodado El gran masticador, defensor de la masticación intensiva de los alimentos.

Hemos visto que, si el hombre piensa solo en términos de salud perfecta, sus funciones internas se realizarán de manera saludable; y hemos visto también que, para pensar en términos de salud, el hombre debe realizar las funciones voluntarias de manera saludable. La más importante de esas funciones voluntarias es la de comer; y no encontramos, hasta ahora, ninguna dificultad especial para comer de manera perfectamente sana. Resumiré aquí las instrucciones sobre cuándo comer, qué comer y cómo comer, con las razones para ello:

NUNCA comas hasta que te hayas GANADO el hambre, sin importar el tiempo que pases sin comer. Esto se basa en el hecho de que siempre que nuestro sistema necesita comida, si tenemos capacidad para digerirla, la mente subconsciente anuncia la necesidad de ello mediante la sensación de hambre. Aprende a distinguir entre el hambre genuina y las ganas de picotear y los antojos causados por el apetito no natural.

El hambre nunca es una sensación desagradable que vaya acompañada de debilidad, desmayo o sensación de comezón en el estómago; es un deseo agradable y anticipado de comer, y se siente sobre todo en la boca y la garganta. No se produce a determinadas horas o a intervalos prefijados; solo se produce cuando la mente subconsciente está preparada para recibir, digerir y asimilar los alimentos.

Come los alimentos que desee, haciendo una selección de los alimentos básicos de uso habitual en la zona en la que vives. La Inteligencia Suprema ha guiado al hombre en la selección de estos alimentos, que son los adecuados para todos. Me refiero, por supuesto, a los alimentos que se toman para satisfacer el hambre, no a los que han sido ideados tan solo para gratificar un apetito o gusto pervertido. El instinto que ha guiado a las masas humanas a hacer uso de los grandes alimentos básicos para satisfacer su hambre es divino. Dios no se ha equivocado; si comes estos alimentos no te equivocarás.

Come tu comida con alegre confianza, y obtén todo el placer que se puede sacar del sabor de cada bocado. Mastica cada uno de ellos hasta

licuarlo, manteniendo tu atención fija en el disfrute del proceso. Esa es la
única manera de comer de una manera perfectamente completa y exitosa;
y, cuando algo se hace de una manera completamente exitosa, el resultado
final no puede ser un fracaso.

> *En la obtención de la salud, la ley que rige es la misma que en la
> consecución de la riqueza; si haces que cada acto sea un éxito en sí
> mismo, la suma de todos tus actos debe ser un éxito.*

Cuando se come en la actitud mental que he descrito, y de la manera
que he descrito, no se puede añadir nada al proceso; se lleva a cabo de
manera perfecta y se hace con éxito. Y, si se come con éxito, se inicia
con éxito la digestión, la asimilación y la construcción de un cuerpo
sano. A continuación, abordamos la cuestión de la cantidad de alimentos
necesarios.

CAPÍTULO XII

El hambre y el apetito

Es muy fácil encontrar la respuesta correcta a la pregunta de ¿cuánto debo comer? No hay que comer nunca hasta que uno se haya ganado el hambre y hay que dejar de comer en el momento en que se empiece a sentir que el hambre disminuye. Nunca te atiborres; nunca comas hasta la saciedad. Cuando COMIENCES a sentir que tu hambre está satisfecha, sabrás que ya tienes suficiente; porque, hasta que no tenga suficiente, seguirá sintiendo la sensación de hambre.

Si comes como se indica en el último capítulo, es probable que empieces a sentirte satisfecho antes de haber tomado la mitad de la cantidad habitual; pero, de todos modos, detente en ese instante. No importa lo deliciosamente atractivo que resulte el postre, o lo tentador que sea el pastel o el pudín, no comas ni un bocado de eso si ves que tu hambre se ha calmado aunque sea mínimamente con los otros alimentos que ya has tomado.

Cualquier cosa que comas después de que tu hambre comience a disminuir la ingieres para gratificar el gusto y el apetito, no el hambre, y no te lo requiere la naturaleza en absoluto. Por lo tanto, es un exceso; mero libertinaje, y no puede dejar de hacerte daño.

Este es un punto que deberás vigilar con buen criterio, porque el hábito de comer tan solo para la gratificación sensual está muy arraigado en la mayoría de nosotros. El «postre» habitual de alimentos dulces y tentadores se prepara únicamente con el fin de inducir a la gente a comer después de haber satisfecho el hambre y todos los efectos que produce son malos.

No es que la tarta y el pastel sean alimentos insanos; suelen resultar perfectamente sanos si se comen para satisfacer el hambre y NO para gratificar el apetito. Si quieres pastel, torta, pasteles o pudines, es mejor comenzar la comida con ellos y terminar con los alimentos más simples y menos sabrosos. Sin embargo, descubrirás que, si comes como se indica en los capítulos anteriores, la comida más sencilla pronto te sabrá a gloria, porque tu sentido del gusto, al igual que todos tus otros sentidos, se agudizará tanto, gracias a la mejora general de tu condición, que descubrirás nuevos placeres en las cosas comunes.

Ningún glotón ha disfrutado nunca de una comida como el hombre que come solo por hambre, que aprovecha al máximo cada bocado y que se detiene en el instante en que siente que se le quita el hambre. El primer indicio de que el hambre está disminuyendo es la señal de la mente subconsciente de que es el momento de dejarlo.

> La persona corriente, que adopta este plan de vida, se sorprenderá y mucho al saber qué poca comida se requiere en realidad para mantener el cuerpo en perfectas condiciones. La cantidad depende del trabajo, de la cantidad de ejercicio muscular que se realice y de la medida en que la persona esté expuesta al frío.

El leñador que va al bosque en invierno y blande su hacha todo el día puede comer dos veces; pero el trabajador intelectual que se sienta todo el día en una silla, en una habitación cálida, no necesita ni un tercio y a menudo ni una décima parte que el otro. La mayoría de los leñadores come dos o tres veces más, y la mayoría de los trabajadores intelectuales de tres a diez veces más de lo que la naturaleza les exige; y la eliminación de esta enorme cantidad de basura excedente de sus sistemas es un impuesto sobre el poder vital que, con el tiempo, agota su energía y les convierte en presa fácil de las llamadas enfermedades.

Disfruta todo lo posible del sabor de tu comida, pero nunca comas nada simplemente porque sabe bien; y, en el instante en que sientas que tu hambre es menos aguda, deja de comer.

Si reflexionas por un instante, verás que no hay otra manera de resolver estas diversas cuestiones alimentarias que adoptando el plan que aquí se te presenta. En cuanto al momento adecuado para comer, no hay otra manera de decidirlo que con la indicación de que debes comer siempre que tengas un HAMBRE GANADA.

Resulta una proposición evidente que ese es el momento adecuado para comer y que cualquier otro es un momento equivocado para comer. En cuanto a lo que hay que comer, la Sabiduría Eterna ha decidido que las masas humanas coman los productos básicos de las zonas en las que viven.

Los alimentos básicos de tu zona particular son los alimentos adecuados para ti y la Sabiduría Eterna, trabajando en y a través de las mentes de las masas humanas, les ha enseñado la mejor manera de preparar estos alimentos cocinándolos o de cualquier otra manera. Y en cuanto a la forma de comer, ya sabes que debes masticar los alimentos; y, si hay que masticarlos, la razón nos dice que cuanto más minuciosa y perfecta se ejecute la operación, mejor.

Repito que el éxito, en cualquier acción, se consigue haciendo que cada acto por separado sea un éxito en sí mismo. Si haces que cada acción, por pequeña y sin importancia que sea, sea una completamente exitosa, tu trabajo diario, en su conjunto, no puede desembocar en un fracaso. Si haces que las acciones de cada día sean exitosas, la suma total de tu vida no puede ser un fracaso. Un gran éxito es el resultado de hacer un gran número de pequeñas cosas, y realizar cada una de ellas de manera perfectamente exitosa. Si cada pensamiento es un pensamiento saludable, y si cada acción de tu vida se realiza de manera saludable, pronto alcanzarás la salud perfecta.

Es imposible idear una fórmula mediante la que puedas realizar el acto de comer con más éxito, y de una manera más acorde con las leyes de la vida, que masticando cada bocado hasta convertirlo en líquido, disfrutando plenamente del sabor y manteniendo una alegre confianza todo el tiempo. No se puede añadir nada para hacer el proceso más exitoso; mientras que, si se resta algo, el proceso no será completamente saludable.

En cuanto a la cantidad de comida, verás también que no puede haber otra guía tan natural, tan segura y tan fiable como la que he prescrito: dejar de comer en el instante en que sientas que tu hambre comienza a disminuir. Se puede confiar implícitamente en la mente subconsciente para que nos informe de cuándo se necesita comida; y se puede confiar también implícitamente en ella para que nos informe de cuándo se ha satisfecho la necesidad.

Si TODOS los alimentos se consumen por hambre y NINGÚN alimento se toma meramente para gratificar el gusto, nunca se comerá demasiado; y, si se come siempre que se tenga un hambre GANADA, siempre se comerá lo suficiente. Leyendo atentamente el resumen del capítulo siguiente, se verá que los requisitos para comer de forma perfectamente sana son realmente muy pocos y sencillos.

El asunto de beber de forma natural puede resolverse aquí con muy pocas palabras. Si queréis ser exacta y rígidamente científicos, no bebas más que agua; bebe solo cuando tengas sed; bebe siempre que tengas sed y deja de hacerlo en cuanto sientas que vuestra sed empieza a ceder. Pero si vives correctamente en cuanto a la alimentación, no será necesario practicar el ascetismo o una gran abnegación en lo tocante a la bebida. Puedes tomar de vez en cuando una taza de café flojo sin que te haga daño; puedes, en una medida razonable, seguir las costumbres de los que te rodean.

No adquieras el hábito de consumir refrescos; no bebas simplemente para hacerle cosquillas a tu paladar con líquidos dulces; asegúrate de tomar un trago de agua cada vez que sientas sed. Nunca seas demasiado perezoso, indiferente o te consideres demasiado ocupado como para tomar un trago de agua, cuando sientas el menor atisbo de sed; si obedeces esta regla, tendrás poca inclinación a consumir bebidas extrañas y antinaturales. Bebe solo para satisfacer la sed; bebe siempre que sientas sed y deja de beber tan pronto como sientas que la sed disminuye. Esa es la manera perfectamente sana de suministrar al cuerpo el material líquido necesario para sus procesos internos.

CAPÍTULO XIII

En una cáscara de nuez

EXISTE una Vida Cósmica que impregna, penetra y llena los intersticios del universo, estando en y a través de todas las cosas. Esta Vida no es simplemente una vibración o una forma de energía, sino que es una Sustancia Viva. Todas las cosas están hechas de ella; es el Todo y está en todo.

Esta Sustancia piensa y asume la forma de aquello en lo que piensa. El pensamiento de una forma, en esta sustancia, crea la forma; el pensamiento de un movimiento genera el movimiento. El universo visible, con todas sus formas y movimientos, existe porque está en el pensamiento de la Sustancia Original.

El hombre es una forma de la Sustancia Original y puede idear pensamientos originales; y, en su interior, los pensamientos del hombre tienen un poder controlador o formador. El pensar en una condición produce esa condición; el pensamiento en un movimiento genera ese movimiento.

Mientras el hombre piense en las condiciones y las acciones de la enfermedad, las condiciones y las acciones de la enfermedad existirán en él. Si el hombre solo piensa en la salud perfecta, el Principio de Salud que está dentro de él mantendrá las condiciones normales.

Para poder estar bien, el hombre debe formarse una concepción de la salud perfecta y mantener pensamientos armoniosos con esa concepción, en lo que respecta a sí mismo y a todas las cosas. Debe pensar solo en condiciones y funcionamientos saludables; no debe permitir que un pensamiento de condiciones o funcionamientos insalubres o anormales se albergue en su mente, en momento alguno.

Para pensar solo en condiciones y funcionamiento sanos, el hombre debe realizar los actos voluntarios de la vida de forma perfectamente sana. No puede pensar en la salud perfecta mientras sepa que está viviendo de manera equivocada o insalubre, o incluso mientras tenga dudas sobre si está viviendo de manera saludable o no. El hombre no puede tener pensamientos de salud perfecta mientras sus funciones voluntarias se realicen a la manera de quien está enfermo. Las funciones voluntarias de la vida son comer, beber, respirar y dormir. Cuando el hombre piensa solo en condiciones y funcionamiento saludables, y realiza estas funciones externas de una manera perfectamente saludable, debe tener una salud perfecta.

Al comer, el hombre debe aprender a guiarse por su hambre. Debe distinguir entre el hambre y el apetito, y entre el hambre y las ansias de la costumbre; NUNCA debe comer si no siente un HAMBRE GANADA. Debe aprender que el hambre genuina nunca está presente después del sueño natural, y que la demanda de una comida matutina es puramente una cuestión de hábito y apetito; y no debe comenzar su día comiendo en violación de la ley natural.

Debe esperar hasta que tenga un Hambre Ganada, lo que, en la mayoría de los casos, hará que su primera comida llegue alrededor de la hora del mediodía. No importa cuál sea su condición, vocación o circunstancias, debe tener como norma no comer hasta que tenga un HAMBRE GANADA; y puede recordar que es mucho mejor ayunar durante varias horas después de haber tenido hambre que comer antes de empezar a sentirla.

No le hará daño pasar hambre durante unas horas, aunque esté trabajando mucho; pero sí le hará daño llenarse el estómago cuando no tiene hambre, esté trabajando o no. Si no coméis nunca hasta que tengáis un hambre ganada, podéis estar seguros de que, en lo que se refiere al momento de comer, estáis procediendo de una manera perfectamente sana. Esta es una proposición que resulta evidente por sí misma.

En lo que respecta a qué debe comer, el hombre debe guiarse por esa Inteligencia que ha dispuesto que los habitantes de cualquier porción de la superficie de la Tierra deben vivir de los productos básicos de la zona que habitan. Tened fe en Dios y no hagáis caso de la «ciencia de los alimentos» en ninguna de sus variantes.

No prestes la menor atención a las controversias sobre los méritos relativos de los alimentos cocidos y crudos, de las verduras y las carnes, o sobre tu necesidad de carbohidratos y proteínas. Come solo cuando tengas un hambre ganada y, entonces, toma los alimentos comunes de las gentes de la zona en la que vives, y ten plena confianza en que los resultados serán buenos. Lo serán.

No busques lujos, ni cosas importadas o trabajadas para tentar el gusto; limítate a los sólidos simples y cuando estos no te «sepan bien», ayuna hasta que lo hagan. No busques alimentos «ligeros», de fácil digestión o «sanos»; come lo que comen los campesinos y los obreros. De esa forma, estarás funcionando de una manera perfectamente saludable en lo que respecta a lo que se debe comer. Repito, si no tienes hambre o atracción por los alimentos sencillos, no comas en absoluto; espera a que te llegue el hambre. No comas hasta que la comida más sencilla te sepa bien y entonces empieza a alimentarte con lo que más te guste.

Para decidir cómo comer, el hombre debe guiarse por la razón. Podemos ver que los estados anormales de prisa y preocupación producidos por el pensamiento erróneo sobre los negocios y asuntos similares nos han llevado a conformar el hábito de comer demasiado rápido y masticar muy poco. La razón nos dice que los alimentos deben masticarse y que, cuanto más a fondo se mastiquen, mejor se preparan para la química de la digestión.

Además, podemos comprobar que el hombre que come lentamente y mastica su comida hasta hacerla líquida, manteniendo su mente puesta en el proceso y prestándole toda su atención, disfrutará más del placer del sabor que aquel que engulle su comida con la mente puesta en otra cosa. Para comer de una manera perfectamente sana, el hombre debe concentrar su atención en el acto, con alegre disfrute y confianza; debe saborear su comida y debe reducir cada bocado a líquido antes de tragarlo.

Las instrucciones anteriores, si se siguen, hacen que la función de comer sea completamente perfecta; no se puede añadir nada más en cuanto a qué, cuándo y cómo.

En lo tocante a la cantidad de comida, el hombre debe guiarse por la misma inteligencia interior, o Principio de Salud, que le indica cuándo quiere comer. Debe dejar de comer en el momento en que siente que su hambre disminuye; no debe comer más allá de este punto para gratificar el gusto. Si deja de comer en el instante en que cesa la demanda interna de alimento, nunca comerá en exceso y la función de suministrar alimento al cuerpo se realizará de manera perfectamente saludable.

El asunto de comer de manera natural es muy simple; no hay nada en todo lo dicho más arriba que no pueda ser practicado con facilidad por cualquiera. Este método, puesto en práctica, conducirá de manera infalible en una digestión y asimilación perfectas; y toda la ansiedad y el pensamiento puntilloso sobre este asunto se puede dejar de lado inmediatamente. Siempre que se tenga un hambre ganada, se come con agradecimiento lo que se pone delante de uno, masticando cada bocado hasta dejarlo líquido y parando cuando se siente que se embota el hambre.

La importancia de la actitud mental es suficiente para justificar unas palabras adicionales sobre esto. Mientras comes, como en todos los demás momentos, piensa solo en condiciones saludables y en un funcionamiento normal. Disfruta de lo que comes; si mantienes una conversación en la mesa, habla de la bondad de la comida y del placer que te está dando. Nunca menciones que no te gusta esto o aquello; habla solo de las cosas que te gustan.

Nunca discutas sobre la salubridad o insalubridad de los alimentos; nunca menciones o pienses en lo insalubre. Si hay algo en la mesa que no te interesa, déjalo pasar en silencio o con una palabra de elogio; nunca critiques o pongas objeciones a nada. Come con alegría y con sencillez de corazón, alabando a Dios y dando gracias. Que tu consigna sea la perseverancia; cada vez que caigas en la vieja forma de comer apresuradamente, o de pensar y hablar mal, rehazte y comienza de nuevo.

Es de vital importancia para ti que seas una persona autocontrolada y autodirigida, y no puedes esperar llegar a serlo a menos que puedas dominarte en un asunto tan simple y fundamental como la manera y el método de comer. Si no puedes controlarte en este punto, no podrás controlarte en nada que valga la pena.

Por otra parte, si llevas a cabo las instrucciones anteriores, puedes estar seguro de que, en lo que se refiere al pensamiento y la alimentación correctos, estás viviendo de una manera perfectamente científica; y también puedes estar seguro de que, si practicas lo que se prescribe en los capítulos siguientes, pondrás con rapidez tu cuerpo en condiciones de perfecta salud.

CAPÍTULO XIV

La respiración

La función de la respiración es vital y toca de manera directa al mantenimiento de la vida. Podemos vivir muchas horas sin dormir y muchos días sin comer ni beber, pero solo unos minutos sin respirar. El acto de respirar es involuntario, pero la manera de hacerlo y la provisión de las condiciones apropiadas para su ejecución saludable entran en el ámbito de lo voluntario.

El hombre continuará respirando involuntariamente, pero puede determinar voluntariamente lo que debe respirar, así como la profundidad con la que debe hacerlo; y puede, por su propia voluntad, mantener el mecanismo físico en condiciones para el perfecto desempeño de la función.

Es esencial, si se desea respirar de manera perfectamente saludable, que la maquinaria física utilizada en tal acto se mantenga en buenas condiciones. Hay que mantener la columna vertebral moderadamente recta, y los músculos del pecho deben ser flexibles y estar libres para su acción. No se puede respirar de forma correcta si los hombros están muy encorvados hacia delante, y el pecho ahuecado y rígido. Estar sentado o de pie en el trabajo, en una posición ligeramente encorvada, tiende a producir un tórax ahuecado; lo mismo ocurre con el levantamiento de pesos pesados o ligeros.

La tendencia en el trabajo, de casi cualquier tipo, es a echar los hombros hacia adelante, curvar la columna vertebral y aplanar el pecho; y, si el pecho está muy aplanado, la respiración completa y profunda se hace imposible, y la salud perfecta resulta inalcanzable.

Se han ideado varios ejercicios gimnásticos para contrarrestar el efecto de la inclinación mientras se trabaja; por ejemplo, colgarse con las manos de un columpio o una barra de trapecio, o sentarse en una silla con los pies debajo de algún mueble pesado e inclinarse hacia atrás hasta que la cabeza toque el suelo, etc.

Todo eso resulta bastante bueno a su manera, pero muy poca gente perseverará en ello durante el tiempo suficiente y con la regularidad necesaria para lograr una ganancia real para su físico. La realización de «ejercicios de salud» de cualquier tipo resulta onerosa e innecesaria; existe una manera más natural, más simple y mucho mejor.

Esta mejor manera es mantenerse erguido y respirar profundamente. Deja que tu concepción mental de ti mismo sea que eres una persona perfectamente enderezada y, siempre que el asunto venga a tu mente, asegúrate de que instantáneamente expandes tu pecho, echas tus hombros hacia atrás y te «enderezas». Siempre que hagas esto, inspira lentamente hasta llenar tus pulmones al máximo de su capacidad; «mete» todo el aire que puedas y, mientras lo mantienes por un instante en los pulmones, echa los hombros aún más atrás y estira el pecho; al mismo tiempo, trata de meter la columna vertebral hacia adelante, entre los hombros. A continuación, deje salir el aire con naturalidad.

> *Este es el ejercicio supremo para mantener el pecho lleno, flexible y en buenas condiciones. Enderezarse; llenar los pulmones por completo; estirar el pecho y estirar la columna vertebral, y exhalar con naturalidad. Y este ejercicio debes repetirlo, a tiempo y a destiempo*******, en todo momento y en todo lugar, hasta que generes el hábito de hacerlo; tú puedes llevar a cabo esto con facilidad.*

******* Alusión a la Biblia, *Segunda Carta a Timoteo* 4, 2 *(N. del T.).*

Siempre que salgas al aire fresco y puro, RESPIRA. Cuando estés en el trabajo y pienses en ti mismo y en tu posición corporal, RESPIRA. Cuando estés en compañía y te acuerdes del asunto, RESPIRA. Cuando estés despierto por la noche, RESPIRA. No importa dónde estés o qué estés haciendo, siempre que la idea te venga a la mente, endereza y RESPIRA.

Cuando camines hacia y desde tu trabajo, haz el ejercicio durante todo el camino; pronto se convertirá en un deleite para ti; lo mantendrás, no por el bien de la salud, sino como una cuestión de placer.

No veas esto como un «ejercicio de salud»; nunca hagas ejercicios de salud, ni practiques gimnasia para ponerte bien. Hacer algo así implica reconocer la enfermedad como un hecho presente o como una posibilidad, que es precisamente lo que no debes hacer. Las personas que siempre están haciendo ejercicios para mejorar su salud siempre están pensando en estar enfermas. Debería ser una cuestión de orgullo para ti conservar tu columna vertebral recta y fuerte; tanto como lo es mantener tu cara limpia.

Mantén tu columna vertebral recta y tu pecho lleno y flexible por la misma razón que mantienes tus manos limpias y tus uñas arregladas; porque es descuidado hacer lo contrario. Hazlo sin pensar en la enfermedad, presente o posible. O bien debes estar torcido y antiestético, o bien debes estar recto; y si estás recto, tu respiración se cuidará sola. En un próximo capítulo volveremos a hablar de los ejercicios de salud.

Sin embargo, es esencial que respires AIRE. Parece ser la intención de la naturaleza que los pulmones reciban aire que contenga un porcentaje regular de oxígeno, y que no esté muy contaminado por otros gases o por suciedad de cualquier tipo. No te permitas pensar que estás obligado a vivir o trabajar donde el aire no es apto para respirar. Si tu casa no puede estar bien ventilada, múdate; y, si estás empleado en un puesto donde el aire es malo, consigue otro trabajo; puedes hacerlo practicando los métodos dados en el volumen anterior de esta serie: *La ciencia de hacerse rico*.

Si nadie aceptase trabajar en un aire malo, los patronos se encargarían con rapidez de que todas las salas de trabajo estuvieran debidamente ventiladas. El peor aire es aquel en el que se ha agotado el oxígeno debido a las respiraciones, como ocurre con el de las iglesias y los teatros, donde se congregan multitudes, y la salida y el suministro de aire son deficientes. A continuación, está el aire que contiene otros gases además del oxígeno y el hidrógeno, como es el caso del gas de las alcantarillas y los efluvios de la materia en descomposición. El aire muy cargado de polvo o partículas de materia orgánica puede soportarse mejor que cualquiera de estos últimos. Las pequeñas partículas de materia orgánica que no son alimentos son generalmente expulsadas de los pulmones, pero los gases van a la sangre.

Hablo con prudencia cuando digo «que no sean alimentos». El aire es, en gran medida, un alimento. Es lo más vivo que nos llevamos al cuerpo. Cada respiración aspira millones de microbios, muchos de los cuales son asimilados. Los olores de la tierra, de la hierba, de los árboles, de las flores, de las plantas y de los alimentos cocinados son alimentos en sí mismos; son partículas diminutas de las sustancias de las que proceden y, a menudo, están tan atenuadas que pasan directamente de los pulmones a la sangre, y son asimiladas sin digestión.

Y la atmósfera está impregnada de la Única Sustancia Original, que es la vida misma. Reconoce de manera consciente esto cada vez que pienses en tu respiración, y piensa que estás respirando la vida; realmente lo estás haciendo y el reconocimiento consciente ayuda al proceso. Procura no respirar aire que contenga gases venenosos y no volver a respirar el aire que haya sido utilizado por ti o por otros.

Eso es todo lo que hay que hacer para respirar correctamente. Mantén la columna vertebral recta y el pecho flexible, y respira aire puro, reconociendo con agradecimiento el hecho de que respiras la Vida Eterna. No es algo que resulte difícil y, más allá de estas cosas, piensa poco en tu respiración, excepto para agradecer a Dios que hayas aprendido a hacerlo perfectamente.

CAPÍTULO XV

El sueño

L A fuerza vital se renueva durante el sueño. Todo ser viviente duerme; los hombres, los animales, los reptiles, los peces y los insectos duermen, y hasta las plantas tienen períodos regulares de sueño. Y esto se debe a que es en el sueño donde entramos en tal contacto con el Principio de la Vida en la naturaleza, gracias a la que podemos renovar nuestra propia vida.

Es en el sueño donde el cerebro del hombre se recarga de energía vital y el Principio de la Salud en su interior recibe nuevas fuerzas. Resulta, pues, de importancia suprema que durmamos de manera natural, normal y perfectamente sana.

Estudiando el sueño, observamos que la respiración es mucho más profunda, y más forzada y rítmica, que durante el estado de vigilia. Se inspira mucho más aire cuando se duerme que cuando se está despierto y esto nos indica que el Principio de Salud requiere grandes cantidades de algún elemento existente en la atmósfera y necesario para el proceso de renovación. Si se quiere dotar al sueño de condiciones naturales, entonces, el primer paso para ello es comprobamos que disponemos de un suministro ilimitado de aire fresco y puro para respirar.

Los médicos han descubierto que dormir en el aire puro del exterior es muy eficaz para el tratamiento de los problemas pulmonares; y, en relación con la manera de vivir y pensar prescrita en este libro, encontraréis que es igual de eficaz para curar cualquier otro tipo de problema. No toméis ninguna medida a medias en este asunto de aseguraros aire puro mientras dormís.

Ventilad bien vuestro dormitorio; tan bien que será prácticamente igual que dormir al aire libre. Tened una puerta o ventana abierta de par en par; tened una abierta en cada lado de la habitación, si es posible. Si no podéis contar con una buena corriente de aire a través de la habitación, acercad la cabecera de vuestra cama a la ventana abierta, para que el aire del exterior pueda llegar con libertad a vuestra cara.

Por muy frío o desagradable que sea el tiempo, tened una ventana abierta y abierta de par en par; e intentad que circule aire puro por la habitación. Amontonad la ropa de cama, si fuese necesario, para manteneros calientes; pero disponed de un suministro ilimitado de aire fresco del exterior. Este es el primer gran requisito para un sueño saludable.

El cerebro y los centros nerviosos no pueden revitalizarse por completo si dormís en aire «muerto» o estancado; debéis tener la atmósfera viva, vitalizada con el Principio de Vida de la naturaleza. Repito, no hagáis cesión en absoluto en este asunto; ventilad completamente vuestro cuarto de dormir y procurad que haya una circulación de aire exterior a través del mismo mientras dormís.

No estaréis durmiendo de una manera perfectamente saludable si cerráis las puertas y las ventanas de vuestra habitación para dormir, ya sea en invierno o en verano. Disponed de aire fresco. Si estáis donde no hay aire fresco, mudaos. Si vuestro dormitorio no puede ventilarse, mudaos a otra casa.

Lo siguiente en importancia es la actitud mental con la que te vas a dormir. Es bueno dormir con inteligencia, con propósito, sabiendo para qué lo haces. Acuéstate pensando que el sueño es un vitalizador infalible y duérmete con una fe confiada en que tus fuerzas se renovarán; que te despertarás lleno de vitalidad y salud. Pon propósito en tu sueño, tal como lo haces en tu alimentación; presta al asunto tu atención durante unos minutos, mientras vas a descansar. No busques el lecho abrumado por sentimientos de desánimo o depresión; ve a él con alegría, para así colmarte.

No olvides realizar el ejercicio de la gratitud al irte a dormir; antes de cerrar los ojos, da gracias a Dios por haberte mostrado el camino hacia la salud perfecta y vete a dormir con este pensamiento agradecido en tu mente. Una oración de agradecimiento a la hora de acostarse es algo muy bueno; pone al Principio de Salud que hay dentro de ti en comunicación con su fuente, de la cual debe recibir nuevo poder mientras estás en el silencio de la inconsciencia.

Como puedes ver, los requisitos para un sueño perfectamente saludable no son difíciles. En primer lugar, procurar respirar aire puro del exterior mientras se duerme y, en segundo lugar, poner el Interior en contacto con la Sustancia Viva mediante unos minutos de meditación agradecida al acostarse. Observa estos requisitos, vete a dormir en un estado de ánimo agradecido y confiado, y todo irá bien. Si tienes insomnio, no dejes que te preocupe.

Mientras estás despierto, da forma a tu concepción de la salud; medita con agradecimiento acerca de la vida abundante que es la tuya, respira y siéntete perfectamente seguro de que dormirás a su debido tiempo; y lo harás.

El insomnio, como cualquier otra dolencia, debe ceder ante el Principio de Salud, despertado a la plena actividad constructiva por el curso de pensamiento y acción aquí descrito.

El lector comprenderá ahora que no es en absoluto pesado o desagradable realizar las funciones voluntarias de la vida de una manera perfectamente sana. La manera completamente sana es la más fácil, la más simple, la más natural y la más agradable. El cultivo de la salud no es una obra de arte, dificultad o trabajo extenuante.

Solo hay que dejar de lado los preceptos artificiosos de todo tipo, y comer, beber, respirar y dormir de la manera más natural y deliciosa; y si haces esto, pensando en la salud y solo en la salud, de manera inevitable estarás bien.

CAPÍTULO XVI

Instrucciones complementarias

Para formarte una concepción de la salud, es necesario que pienses en la manera en que vivirías y trabajarías si estuvieras perfectamente bien y muy fuerte; imaginarte a tí mismo haciendo cosas a la manera de una persona que está perfectamente bien y muy fuerte, hasta que tengas un diseño lo suficientemente bueno de cómo sería todo si estuvieras bien. Luego, adopta una actitud mental y física que se encuentre en armonía con esta concepción y no te apartes de tal actitud. Debes unificar tu pensamiento con aquello que deseas; y cualquier estado o condición que interiorices mediante el pensamiento, pronto se manifestará en lo físico. La manera de proceder científicamente consiste en romper las relaciones con todo lo que no quieres y entrar en relación con todo aquello que quieres. Forma una concepción de la salud perfecta y relaciónate con esta concepción de palabra, obra y actitud.

Cuida tu discurso; haz que cada palabra armonice con la concepción de la salud perfecta. Nunca te quejes; nunca digas cosas como estas: «Anoche no dormí bien»; «Me duele el costado»; «Hoy no me siento nada bien», etc.

Di: «Tengo ganas de dormir bien esta noche»; «Veo que progreso con rapidez» y afirmaciones de significado similar. En lo que se refiere a todo lo que esté relacionado con la enfermedad, tu manera de proceder ha de ser la de olvidarla; y, en lo que se refiere a todo lo que está relacionado con la salud, tu manera de proceder ha de ser interiorizarla mediante el pensamiento y en la palabra.

Esto es todo en pocas palabras: hazte uno con la Salud en pensamiento, palabra y acción, y no te conectes con la enfermedad ni por pensamiento, ni por palabra, ni por acción.

No leas «libros de médicos» o literatura médica, o la literatura de aquellos cuyas teorías entran en conflicto con las aquí expuestas; hacerlo socavará con toda certeza tu fe en el Camino de la Vida en el que has entrado y te hará entrar de nuevo en relaciones mentales con la enfermedad.

Este libro te da realmente todo lo que se requiere; no se ha omitido nada esencial y se ha eliminado prácticamente todo lo superfluo. *La ciencia del bienestar* es una ciencia exacta, como la aritmética; no se puede añadir nada a los principios fundamentales y, si se quita algo de ellos, se producirá el fracaso. Si sigues estrictamente la manera de vivir prescrita en este libro, te encontrarás bien; y ciertamente PUEDES seguir esta manera de obrar, tanto en pensamiento como en acción.

Relaciónate con la salud perfecta no solo contigo mismo, sino en lo posible con todos los demás, en tus pensamientos. No te compadezcas de la gente cuando se queja, o incluso cuando está enferma y sufriendo. Convierte sus pensamientos en un canal constructivo si puedes; haz todo lo que puedas para procurar su alivio, pero hazlo con el pensamiento de la salud en tu mente. No permitas que te cuenten sus penas y te enumeren sus síntomas; desvía la conversación hacia otro tema, o excúsate y vete. Es mejor que te consideren una persona insensible a que te impongan el pensamiento de la enfermedad.

Cuando te encuentres en compañía de personas cuya conversación se centra en la enfermedad y asuntos afines, ignora lo que te digan y reza una oración mental de gratitud por tu perfecta salud; y si eso no te permite apartar sus pensamientos, despídete y vete. No importa lo que piensen o digan; la cortesía no exige que te dejes envenenar por un pensamiento enfermo o pervertido. Cuando tengamos unos cuantos cientos de miles más de pensadores iluminados que no se queden donde la gente se queja y habla de enfermedad, el mundo avanzará rápidamente hacia la salud. Cuando permites que la gente te hable de enfermedad, les ayudas a aumentar y multiplicar la enfermedad.

¿Qué debo hacer cuando tengo dolor? ¿Puede uno estar sumido en el sufrimiento físico real y seguir pensando solo en la salud?

Sí. No te resistas al dolor; reconoce que es algo bueno. El dolor es causado por un esfuerzo del Principio de Salud para superar alguna condición no natural; esto es algo que debes saber y sentir. Cuando tengas un dolor, piensa que se está produciendo un proceso de curación en la parte afectada, y ayuda y coopera mentalmente con él. Ponte en plena armonía mental con el poder que está causando el dolor; apóyalo, y ayúdalo.

No dudes, cuando sea necesario, en utilizar paños calientes y medios similares para favorecer el buen trabajo que se está realizando. Si el dolor es muy fuerte, acuéstate y dedica tu mente al trabajo de cooperar tranquila y fácilmente con la fuerza que está trabajando para tu bienestar. Ese será el momento de ejercitar la gratitud y la fe; agradece el poder de la salud que está causando el dolor, y ten la certeza de que el dolor cesará tan pronto como el trabajo benefactor esté realizado. Fija tus pensamientos, con confianza, en el Principio de Salud que está creando tales condiciones dentro de ti para que el dolor pronto sea innecesario. Te sorprenderás al descubrir la facilidad con que puedes vencer el dolor; y, después de haber vivido durante un tiempo según esta Vía Científica, los dolores y las molestias serán cosas desconocidas para ti.

¿Qué haré cuando esté demasiado débil para realizar mi trabajo? ¿Me esforzaré más allá de mis fuerzas, confiando en que Dios me apoye? ¿Seguiré, como el corredor, esperando nuevos alientos»?

No, mejor no. Cuando empieces a vivir de esta manera, probablemente no tendrás una fuerza normal y pasarás gradualmente de una condición física baja a una más alta. Si te relacionas mentalmente con la salud y la fuerza, y realizas las funciones voluntarias de la vida, de una manera completamente sana, tu fuerza aumentará de día en día; pero, durante algún tiempo, puedes tener días en los que tu fuerza sea insuficiente para el trabajo que te gustaría hacer. En tales momentos, descansa y lleva a cabo un ejercicio de gratitud.

Reconoce el hecho de que tu fuerza está creciendo con rapidez y siente un profundo agradecimiento al Viviente de quien proviene. Dedica las horas de debilidad a la acción de gracias y al descanso, con plena fe en que la gran fuerza está cercana; y, luego, levántate y sigue adelante. Mientras descansas, no pienses en tu debilidad actual; piensa en la fuerza que viene.

Nunca, en ningún momento, te permitas pensar que estás cediendo a la debilidad; cuando descanses, como cuando vayas a dormir, fija tu mente en el Principio de la Salud que te está construyendo una fuerza completa.

¿Qué debo hacer con respecto a ese gran problema que asusta a millones de personas cada año: el estreñimiento?

No hagas nada. Lee a Horace Fletcher en *The A B Z or Our Own Nutrition* y asimila toda la fuerza de su explicación sobre el hecho de que cuando vives según este plan científico no necesitas, y de hecho no puedes, realizar una evacuación de los intestinos todos los días; y que una deyección pase de una vez cada tres días a una cada dos semanas resulta suficiente para la salud perfecta.

Los tragones que comen de tres a diez veces más de lo que pueden utilizar en sus sistemas tienen una gran cantidad de residuos para eliminar; pero, si vives en la forma que hemos descrito aquí, la cosa será diferente para ti.

Si comes solo cuando tengas un HAMBRE GANADA, y masticas cada bocado hasta convertirlo en líquido, y, si dejas de comer en el preciso momento en que EMPIEZAS a ser consciente de una disminución del hambre, prepararas tan perfectamente tu comida para la digestión y asimilación que prácticamente toda ella será asimilada por los absorbentes y no quedará casi nada en los intestinos para ser excretado.

Si eres capaz de desterrar por completo de tu memoria todo lo que ha leído en los «libros de médicos» y en los anuncios de medicinas patentadas en relación con el estreñimiento, no necesitarás pensar más en el asunto. El Principio de la Salud se encargará de ello.

Pero, si tu mente se ha llenado de pensamientos de miedo en relación con el estreñimiento, puede ser bueno al principio que te laves de vez en cuando el colon con agua tibia. No hay la menor necesidad de hacerlo, excepto para facilitar el proceso de emanciparte mentalmente del miedo; pero puede que merezca la pena por eso.

Y, tan pronto como veas que estás haciendo un buen progreso, y que has reducido la cantidad de comida, y estás comiendo realmente a la manera científica, desecha el estreñimiento de tu mente para siempre; no tienes nada más que hacer con él. Pon tu confianza en ese Principio que está en tu interior y que tiene el poder de darte una salud perfecta; relaciónalo mediante vuestra reverente gratitud con el Principio de la Vida que es Todo Poder y sigue tu camino con regocijo.

¿Y el ejercicio?

Todo el mundo mejora gracias a un poco de uso general de los músculos, cada día, y la mejor manera de conseguirlo es participar en algún tipo de juego o diversión. Haz tus ejercicios de forma natural, como algo recreativo, no como una actividad forzada solo para mejorar la salud. Monta a caballo o en bicicleta; juega al tenis o a los bolos, o lanza una pelota.

Ten alguna afición, como la jardinería, a la que puedas dedicar una hora diaria con placer y provecho; existen mil maneras de hacer ejercicio suficiente para mantener tu cuerpo flexible y tu circulación en buen estado y, sin embargo, no caer en la rutina de «hacer ejercicio por cuestiones de salud». Haz ejercicio por diversión o por beneficio; haz ejercicio porque estás demasiado sano para quedarte quieto y no porque desees estar sano, o seguir estándolo.

¿Son necesarios los ayunos prolongados y continuados?

Rara vez, si es que alguna vez lo son. El Principio de Salud no suele requerir veinte, treinta o cuarenta días para dejarnos listo para la acción; en condiciones normales, el hambre llegará en mucho menos tiempo. En la mayoría de los ayunos largos, la razón por la que el hambre no llega antes es porque ha sido inhibida por el propio paciente. No comienza el ayuno llevado por el TEMOR, sino realmente con la esperanza de que pasarán muchos días antes de que llegue el hambre; la literatura que ha leído sobre el tema le ha preparado para esperar un ayuno largo y está sombríamente decidido a llegar hasta el final, le lleve el tiempo que le lleve. Y la mente subconsciente, bajo la influencia de una sugestión poderosa y positiva, suspende el hambre.

Cuando, por cualquier motivo, la naturaleza te quite el hambre, sigue alegremente con tu trabajo habitual y no comas hasta que ella te la devuelva. No importa si son dos, tres, diez días o más; puedes estar perfectamente seguro de que, cuando llegue el momento de comer, tendrás hambre; y, si estás alegremente confiado y mantienes tu fe en la salud, no sufrirás ninguna debilidad o malestar causado por la abstinencia. Cuando no tengas hambre, te sentirás más fuerte, más feliz y más cómodo si no comes que si comes; no importa lo largo que sea el ayuno. Y, si uno vive de la manera científica descrita en este libro, nunca tendrá que hacer ayunos largos; rara vez se perderá una comida y disfrutará de sus comidas más que nunca en su vida. Ten un hambre ganada antes de comer y, siempre que tengas un hambre ganada, come.

CAPÍTULO XVII

Resumen de *La ciencia del bienestar*

L A salud es el funcionamiento perfectamente natural, la vida normal. Existe un Principio de Vida en el universo; es la Sustancia Viva, de la que están hechas todas las cosas.

Esta Sustancia Viva impregna, penetra y llena los intersticios del universo. En su estado invisible está en y a través de todas las formas; y, sin embargo, todas las formas están hechas del mismo.

Para ilustrar esto: supongamos que un vapor acuoso muy fino y altamente difusible impregna y penetra en un bloque de hielo. El hielo está formado por agua viva y es agua viva con forma; mientras que el vapor es también agua viva, sin forma, impregnando una forma hecha de sí misma. Esta ilustración explicará cómo la Sustancia Viva impregna todas las formas hechas a partir de ella; toda la vida proviene de ella; es toda la vida que existe.

Esta Sustancia Universal es una sustancia pensante y toma la forma de su pensamiento. El pensamiento de una forma, sostenido por ella, crea la forma; y el pensamiento de un movimiento causa el movimiento. No puede dejar de pensar y por eso está siempre creando, y debe avanzar hacia una expresión más plena y completa de sí misma. Esto significa dirigirse hacia una vida más completa y un funcionamiento más perfecto, y eso implica hacerlo hacia una salud perfecta.

El poder de la sustancia viva debe ejercerse siempre en busca la salud perfecta; es una fuerza, presente en todas las cosas, que hace que el funcionamiento sea perfecto. Todas las cosas están impregnadas de un poder que construye la salud. El hombre puede relacionarse con este poder y aliarse con él; también puede separarse de él por culpa de sus pensamientos.

El hombre es una forma de esta Sustancia Viva y tiene en su interior un Principio de Salud. Este Principio de Salud, cuando está en plena actividad constructiva, hace que todas las funciones involuntarias del cuerpo del hombre se realicen perfectamente.

El hombre es una sustancia pensante, que impregna un cuerpo visible, y los procesos de su cuerpo están controlados por su pensamiento. Cuando el hombre piensa solo en pensamientos de salud perfecta, los procesos internos de su cuerpo serán los de la salud perfecta. El primer paso del hombre hacia la salud perfecta debe ser la formación de una concepción de sí mismo como perfectamente sano, y verse haciendo todas las cosas en la forma y maneras de una persona perfectamente sana. Una vez formada esta concepción, debe relacionarse con ella en todos sus pensamientos y cortar toda relación de pensamiento con la enfermedad y la debilidad.

Si hace esto y concibe sus pensamientos de salud con una FE positiva, el hombre hará que el Principio de Salud en su interior se vuelva constructivamente activo y sane todas sus enfermedades. Puede recibir un poder adicional del Principio de Vida universal por medio de la fe y puede adquirir la fe contemplando a este Principio de Vida con reverente gratitud por la salud que le da. Si el hombre acepta conscientemente la salud que le da continuamente la Sustancia Vital, y si está debidamente agradecido por ello, desarrollará la fe.

El hombre no puede pensar solo en la salud perfecta, a menos que realice las funciones voluntarias de la vida de una manera perfectamente saludable. Estas funciones voluntarias son comer, beber, respirar y dormir. Si el hombre solo piensa en la salud, tiene fe en la salud y come, bebe, respira y duerme de forma perfectamente saludable, debe tener una salud perfecta.

La salud es el resultado de pensar y actuar de una Determinada Manera; y, si un hombre enfermo comienza a pensar y actuar de esta manera, el Principio de la Salud que hay en su interior entrará en actividad constructiva y curará todas sus enfermedades. Este Principio de Salud es el mismo para todos y está relacionado con el Principio de Vida del universo; es capaz de curar toda enfermedad y entrará en actividad siempre que el hombre piense y actúe de acuerdo con la Ciencia del Bienestar. Por lo tanto, todo hombre puede alcanzar la salud perfecta.

—FIN—

La ciencia
de ser grande

CONTENIDO

CAPÍTULO I

Cualquier persona puede llegar a ser grande

Existe un Principio de Poder en cada persona. Mediante el uso inteligente y dirigido de este principio, el hombre puede desarrollar sus propias facultades mentales. El hombre dispone de un poder inherente, gracias al que puede crecer en cualquier sentido que desee y no parece haber ningún límite a las posibilidades de tal crecimiento. Ningún hombre ha llegado a ser tan grande en alguna facultad que sea imposible que otro llegue a ser más grande todavía. Tal posibilidad está en la Sustancia Original de la que está hecho el hombre. El genio es la Omnisciencia fluyendo en el interior del hombre.

El genio es algo más que el talento. El talento puede ser simplemente una facultad desarrollada desproporcionadamente con respecto a otras facultades, pero el genio es la unión del hombre y Dios en los actos del alma. Los grandes hombres son siempre más grandes que sus actos. Están en relación con una reserva de poder que no tiene límites. No sabemos dónde está el límite de las facultades mentales del hombre; ni siquiera sabemos que exista un límite.

El poder de crecimiento consciente no se otorga a los animales inferiores; es solo del hombre, y él puede desarrollarlo e incrementarlo. El hombre puede, en gran medida, entrenar y desarrollar a los animales inferiores, pero el hombre puede también entrenarse y desarrollarse a sí mismo. Solo él tiene este poder y lo tiene en una medida en apariencia ilimitada.

El propósito de la vida, para el hombre, es el crecimiento, así como el propósito de la vida para los árboles y las plantas es el crecimiento. Los árboles y las plantas crecen de manera automática y siguiendo pautas fijas; el hombre puede crecer como quiera. Los árboles y las plantas solo pueden desarrollar ciertas posibilidades y características; el hombre puede desarrollar cualquier poder que cualquier persona, en cualquier lugar, muestre o haya mostrado. Nada que sea posible para el espíritu es imposible para la carne y la sangre. Nada que el hombre pueda pensar es imposible de poner en práctica. Nada que el hombre pueda imaginar es imposible de realizar.

> *El hombre está formado para el crecimiento y está sometido a la necesidad de crecer. Es esencial para su felicidad que avance continuamente.*

La vida sin progreso se vuelve insoportable, y la persona que deja de crecer ha de volverse imbécil o loca. Cuanto mayor y más armonioso y completo sea su crecimiento, más feliz será el hombre. No hay ninguna posibilidad que tenga un hombre que no esté en todos los hombres; pero, si proceden naturalmente, no habrá dos hombres que crezcan de igual forma o que sean iguales. Cada hombre viene al mundo con una predisposición a crecer en ciertas direcciones y el crecimiento es más fácil para él en esas direcciones que en cualquier otra. Esa es una disposición sabia, porque genera una variedad infinita. Es como si un jardinero echara todos sus bulbos en una sola cesta; para el observador superficial se parecerían, pero su crecimiento pone de manifiesto una tremenda diferencia. Lo mismo ocurre con los hombres y las mujeres, que son como una cesta de bulbos. Uno puede ser una rosa y añadir brillo y color a algún rincón oscuro del mundo; uno puede ser un lirio y enseñar una lección de amor y pureza a cuantos ojos lo ven; uno puede ser una vid trepadora y ocultar los contornos escarpados de alguna roca oscura; uno puede ser un gran roble entre cuyas ramas anidarán y cantarán los pájaros, y bajo cuya sombra descansarán los rebaños al mediodía; pero cada uno será algo que vale la pena, algo raro, algo perfecto.

Existen posibilidades inimaginables en las vidas comunes que nos rodean, en el sentido amplio del término, puesto que no hay gente «común». En épocas de tensión y peligro nacional, el mendigo de la tienda de la esquina y el borracho del pueblo se convierten en héroes y estadistas gracias a la aceleración del Principio de Poder que llevan dentro. Hay un genio en cada hombre y en cada mujer, esperando a que lo saquen a la luz. Cada pueblo tiene su gran hombre o mujer; alguien a quien todos acuden en busca de consejo en tiempos de problemas; alguien que es reconocido instintivamente como grande en sabiduría y perspicacia. A él se dirigen las mentes de toda la comunidad en tiempos de crisis local; se le reconoce tácitamente como grande. Hace las cosas pequeñas de una manera grandiosa. También podría hacer grandes cosas si las emprendiera; así puede hacerlo cualquier hombre; así puedes hacerlo tú. El Principio de Poder nos da justo lo que le pedimos; si solo emprendemos cosas pequeñas, solo nos da poder para cosas pequeñas; pero si tratamos de hacer cosas grandes de una manera grande nos da todo el poder que existe.

Pero ten cuidado de no emprender grandes cosas en pequeño: de eso hablaremos más adelante.

Un hombre puede adoptar dos actitudes mentales diferentes. Con una, funciona como un balón de fútbol. Demuestra resistencia y reacciona con fortaleza cuando se le aplica fuerza, pero no origina nada; nunca actúa por sí mismo. No hay poder en él. Los hombres de este tipo se ven controlados por las circunstancias y el entorno, y sus destinos los deciden factores externos a ellos. El Principio de Poder en su interior nunca está realmente activo, en absoluto. Nunca hablan ni actúan desde su interior. La otra actitud hace que el hombre sea como un manantial que fluye. El poder sale de sus profundidades. Tiene en su interior un pozo de agua que brota desde la vida eterna, irradia fuerza; la siente su entorno. En él, el Principio de Poder en está en constante acción. Es autoactivo. «Tiene vida en sí mismo».

No puede existir mayor bien para un hombre o una mujer que volverse autoactivo. Todas las experiencias de la vida están diseñadas por la Providencia para forzar a los hombres y mujeres a la autoactividad; para obligarlos a dejar de ser criaturas presas de las circunstancias y dominar su entorno. En su etapa más inferior, el hombre es hijo del azar y de las circunstancias, y esclavo del miedo. Todos sus actos son reacciones resultantes de la imposición de las fuerzas de su entorno. Solo actúa en la medida en que se actúa sobre él; no origina nada. Pero incluso el más bajo de los salvajes tiene en su interior un Principio de Poder suficiente para dominar todo lo que teme; y, si lo aprende y se vuelve autoactivo, se convierte en uno de los dioses.

El despertar del Principio de Poder en el hombre es la verdadera conversión; el paso de la muerte a la vida. Es cuando los muertos oyen la voz del Hijo del Hombre y salen y viven. Es la resurrección y la vida. Cuando se despierta, el hombre se convierte en hijo del Altísimo y se le otorga todo el poder en el cielo y en la tierra.

Nada hubo jamás en ningún hombre que no esté en ti; ningún hombre tuvo jamás más poder espiritual o mental del que tú puedes alcanzar, o hizo cosas más grandes que las que tú puedes lograr. Puedes llegar a ser lo que quieras ser.

CAPÍTULO II

Herencia y oportunidad

La herencia no te impide alcanzar la grandeza. No importa quiénes o qué hayan sido tus antepasados, o cuán inculta o baja sea su posición, el camino de ascenso está abierto para ti. No existe eso de heredar una posición mental fija; no importa lo pequeño que sea el capital mental que recibimos de nuestros padres, podemos aumentarlo; ningún hombre nace incapaz de crecer.

La herencia cuenta algo. Nacemos con tendencias mentales subconscientes como, por ejemplo, una inclinación a la melancolía, o a la cobardía, o al mal humor; pero todas estas tendencias subconscientes pueden superare. Cuando el hombre real se despierta y sale a flote, puede desprenderse de ellas muy fácilmente. Nada de todo eso tiene por qué mantenerte abajo; si has heredado tendencias mentales indeseables, puedes eliminarlas y poner en su lugar tendencias deseables. Un rasgo mental heredado es un hábito de pensamiento de tu padre o madre impreso en tu mente subconsciente; puedes sustituir la impresión opuesta formando el hábito de pensamiento opuesto. Puedes sustituir un hábito de alegría por una tendencia al desánimo; puedes superar la cobardía o el mal humor.

La herencia puede contar también en la conformación hereditaria del cráneo. Hay algo de cierto en la frenología, aunque no tanto como afirman sus defensores; es cierto que las diferentes facultades están localizadas en el cerebro y que el poder de una facultad depende del número de células cerebrales activas en su área. Una facultad cuya área cerebral es grande puede actuar con más poder que una cuya sección craneal es pequeña; de ahí que las personas con ciertas conformaciones craneales muestren talento como músicos, oradores, mecánicos, etc. Se ha argumentado, a partir de esto, que la conformación craneal de un hombre debe, en gran medida, decidir su posición en la vida, cosa que es un error. Se ha descubierto que una pequeña sección del cerebro, con muchas células útiles y activas, da una expresión tan poderosa a la facultad como un cerebro más grande con células más toscas; y se ha encontrado que, al convertir el Principio de Poder en cualquier sección del cerebro, con la voluntad y el propósito de desarrollar un talento particular, las células del cerebro pueden multiplicarse indefinidamente.

Cualquier facultad, poder o talento que poseas, por pequeño o rudimentario que sea, puede incrementarse; puedes multiplicar las células cerebrales en esta área particular hasta que actúe tan poderosamente como desees. Es cierto que puedes actuar más fácilmente a través de aquellas facultades que ahora están más desarrolladas; puedes hacer, con el menor esfuerzo, las cosas que «te vienen de manera natural»; pero también es cierto que, si haces el esfuerzo necesario, puedes desarrollar cualquier talento. Puedes hacer lo que deseas hacer y convertirte en lo que quieres ser. Cuando te fijas algún ideal y procedes como se indica más adelante, todo el poder de tu ser se convierte en las facultades requeridas para la realización de tal ideal; más sangre y fuerza nerviosa van a las secciones correspondientes del cerebro, y las células se aceleran, aumentan y se multiplican en número. El uso adecuado de la mente del hombre construirá un cerebro capaz de hacer lo que la mente quiere hacer.

El cerebro no hace al hombre; el hombre hace al cerebro.
Tu lugar en la vida no está fijado por la herencia.

Tampoco estás condenado a los estratos inferiores por las circunstancias o la falta de oportunidades. El Principio de Poder dentro del ser humano es suficiente para todo cuanto pueda requerirle su alma. Ninguna combinación posible de circunstancias puede mantenerlo abajo, si hace que su actitud personal sea correcta y se determina a elevarse. El poder, que formó al hombre y lo impulsó al crecimiento, también controla las circunstancias de la sociedad, la industria y el gobierno; y este poder nunca se vuelve contra sí mismo.

> *El poder que está en tu interior reside también en las cosas que te rodean y, cuando comienzas a avanzar, las cosas se arreglarán por sí mismas para tu beneficio, tal como se describe en capítulos posteriores de este libro. El hombre fue conformado para crecer y todo lo que existe en su exterior fue diseñado para promover su crecimiento.*

Tan pronto como un hombre despierta su alma y entra en el camino del avance, descubre que no solo Dios está a su favor, sino que la naturaleza, la sociedad y sus semejantes también lo están; y todas las cosas trabajan juntas en pro de su beneficio, si obedece la ley. La pobreza no es un obstáculo para la grandeza, porque la pobreza siempre puede ser eliminada. Martín Lutero, de niño, cantaba en las calles para ganarse el pan. Linneo, el naturalista, solo dispuso de cuarenta dólares para educarse; remendaba sus propios zapatos y a menudo tenía que pedir comida a sus amigos. Hugh Miller, aprendiz de cantero, comenzó a estudiar geología en una cantera. George Stephenson, inventor de la locomotora y uno de los más grandes ingenieros civiles, era carbonero y trabajaba en una mina cuando se despertó y empezó a pensar. James Watt era un niño enfermizo y no era lo suficientemente fuerte como que le enviasen a la escuela. Abraham Lincoln era un niño pobre. En cada uno de estos casos vemos un Principio de Poder en el hombre que lo eleva por encima de toda oposición y adversidad.

Hay un Principio de Poder en ti; si lo usas y lo aplicas de Determinada Manera puedes superar toda la herencia, y dominar todas las circunstancias y condiciones y convertirte en una personalidad grande y poderosa.

CAPÍTULO III

La fuente del poder

E L cerebro, el cuerpo, la mente, las facultades y los talentos del hombre son meros instrumentos que este utiliza para demostrar su grandeza; en sí mismos, no lo hacen grande. Un hombre puede tener un gran cerebro y una buena mente, facultades fuertes y talentos brillantes y, sin embargo, no será un gran hombre a menos que no lo utilice de una manera grandiosa. Aquella cualidad que permite al hombre utilizar sus capacidades de una manera grandiosa lo hace grande, y a esa cualidad le damos el nombre de sabiduría. La sabiduría es la base esencial de la grandeza.

La sabiduría es el poder de percibir los mejores fines a los que aspirar y los mejores medios para alcanzarlos.

Es el poder de percibir lo que hay que hacer. El hombre que es lo suficientemente sabio como para saber lo que hay que hacer, que es lo bastante bueno como para desear hacer solo lo correcto, y que es lo suficientemente capaz y fuerte como para hacer lo correcto, es un hombre verdaderamente grande. Se convertirá instantáneamente en una personalidad de poder en cualquier comunidad y los hombres se complacerán en rendirle honores.

La sabiduría depende del conocimiento. Donde hay completa ignorancia no puede haber sabiduría, ni conocimiento de cómo proceder. El conocimiento del hombre es comparativamente limitado y, por lo tanto, su sabiduría debe ser pequeña, a menos que pueda conectar su mente con un conocimiento mayor que el suyo y extraer de él, por inspiración, la sabiduría que sus propias limitaciones le niegan. Esto es algo que puede hacer; es lo que han hecho los hombres y mujeres realmente grandes. El conocimiento del hombre es limitado e incierto; por lo tanto, no puede tener sabiduría en sí mismo.

Solo Dios conoce toda la verdad; de ahí que solo Dios puede tener la verdadera sabiduría o saber lo correcto en cada momento, y el hombre puede recibir la sabiduría de Dios. Procedo a dar un ejemplo ilustrativo: Abraham Lincoln contaba con una educación limitada, pero tenía el poder de percibir la verdad. En Lincoln vemos cómo se muestra de forma notoria el hecho de que la verdadera sabiduría consiste en saber lo correcto que hay que hacer en todo momento y bajo todas las circunstancias; en tener la voluntad de hacer lo correcto, y en disponer del talento y la habilidad suficientes para ser competente y capaz de hacer lo correcto. En los días de la agitación por la abolición de la esclavitud, y durante el período de compromiso********, cuando todos los demás hombres estaban más o menos confundidos en cuanto a lo que era correcto o lo que debía hacerse, Lincoln nunca albergó dudas. Vio a través de los argumentos superficiales que esgrimían los hombres a favor de la esclavitud; vio, también, el poco sentido práctico y el fanatismo de los abolicionistas; vio los fines correctos a los que había que aspirar y vio los mejores medios para alcanzar esos fines. Fue porque los hombres reconocieron que percibía la verdad y sabía lo que había que hacer, que lo nombraron presidente. Cualquier hombre que desarrolle el poder de percibir la verdad, y que pueda demostrar que siempre sabe lo que hay que hacer, y que se puede confiar en que hará lo correcto, recibirá honores y progresará; el mundo entero está buscando con ansia a tales hombres.

******** El Compromiso de 1850 fue un acuerdo por el que los estados del Norte y Sur de Estados Unidos aparcaron la cuestión de la esclavitud (*N. del T.*).

Cuando Lincoln llegó a la presidencia, se rodeó de una multitud de supuestos asesores capaces, casi ninguno de los cuales estaba de acuerdo con él. A veces todos se oponían a su política; a veces casi todo el Norte se oponía a lo que él se proponía hacer. Pero él veía la verdad cuando otros se dejaban engañar por las apariencias; su juicio rara vez o nunca se equivocaba. Fue, a la vez, el más hábil estadista y el mejor soldado de la época. ¿De dónde sacó tanta sabiduría un hombre relativamente inculto? No se debía a una formación peculiar de su cráneo o a una textura fina de su cerebro. No se debía a alguna característica física. Ni siquiera era una cualidad de la mente debida a un poder de razonamiento superior.

Los procesos de la razón no suelen llegar al conocimiento de la verdad.

Se debía a una percepción espiritual. Percibió la verdad, pero ¿dónde la percibió y de dónde vino tal percepción?

Vemos algo similar en Washington, cuya fe y valor, debido a su percepción de la verdad, mantuvo unidas a las colonias durante la larga y a menudo aparentemente desesperada lucha de la Revolución. Vemos algo de lo mismo en el fenomenal genio de Napoleón, que siempre supo, en materia militar, cuáles eran los mejores medios a adoptar. Vemos que la grandeza de Napoleón estaba en la naturaleza, más que en Napoleón, y descubrimos detrás de Washington y Lincoln algo más grande que Washington o Lincoln. Vemos lo mismo en todos los grandes hombres y mujeres. Ellos perciben la verdad; pero la verdad no puede ser percibida hasta que exista; y no puede haber verdad hasta que haya una mente que la perciba. La verdad no existe como algo aparte de la mente. Washington y Lincoln estaban en contacto y comunicación con una mente que conocía todo el conocimiento y contenía toda la verdad. Lo mismo ocurre con todos los que manifiestan sabiduría. La sabiduría se obtiene leyendo la mente de Dios.

CAPÍTULO IV

La mente de Dios

EXISTE una Inteligencia Cósmica que está en todas las cosas y a través de todas las cosas. Esa es la única sustancia real. De ella proceden todas las cosas. Es la Sustancia Inteligente o la Mente. Es Dios. Donde no hay sustancia no puede haber inteligencia; porque, donde no hay sustancia, no hay nada. Donde hay pensamiento debe haber una sustancia que piensa. El pensamiento no puede ser una función, porque la función es movimiento y es inconcebible que el mero movimiento piense. El pensamiento no puede ser una vibración, porque la vibración es movimiento y que el movimiento sea inteligente no es imaginable. El movimiento no es otra cosa que el desplazamiento de la sustancia; si hay inteligencia, esta debe estar en la sustancia y no en el movimiento. El pensamiento no puede ser el resultado de movimientos en el cerebro; si el pensamiento está en el cerebro, debe residir en la sustancia del cerebro y no en los movimientos que hace la sustancia del cerebro.

Pero el pensamiento no está en la sustancia cerebral, porque la sustancia cerebral, sin vida, es del todo carente de inteligencia y muerta. El pensamiento está en el principio vital que anima al cerebro, en la sustancia espiritual, que es el hombre real. El cerebro no piensa, el hombre piensa y expresa su pensamiento a través del cerebro.

Existe una sustancia espiritual que piensa. Así como la sustancia espiritual del hombre impregna su cuerpo, y piensa y conoce a nivel corporal, la Sustancia Espiritual Original, Dios, impregna toda la naturaleza y piensa y conoce en la naturaleza. La naturaleza es tan inteligente como el hombre y sabe más que el hombre; la naturaleza conoce todas las cosas. La Mente Total ha estado en contacto con todas las cosas desde el principio y contiene todo el conocimiento. La experiencia del hombre abarca unas pocas cosas y tales cosas las conoce el hombre; pero la experiencia de Dios abarca todas las cosas que han sucedido desde la creación, desde la destrucción de un planeta o el paso de un cometa hasta la caída de un gorrión. Todo lo que es y todo lo que ha sido están presentes en la Inteligencia que nos rodea y nos envuelve y nos presiona por todos lados.

Todas las enciclopedias que los hombres han escrito no son más que acervos triviales comparados con el vasto conocimiento que posee la mente en la que los hombres viven, se mueven y tienen su ser.

Las verdades que los hombres perciben por inspiración son pensamientos mantenidos en esta mente. Si no fueran pensamientos, los hombres no podrían percibirlos, porque no tendrían existencia, y no podrían existir como pensamientos a menos que haya una mente para que existan, y una mente no puede ser otra cosa que una sustancia que piensa.

El hombre es una sustancia pensante, una porción de la Sustancia Cósmica; pero el hombre es limitado, mientras que la inteligencia cósmica de la que surgió, y a la que Jesús llama el Padre, es ilimitada. Toda la inteligencia, el poder y la fuerza provienen del Padre. Jesús reconoció tal cosa y lo manifestó con suma claridad. Una y otra vez atribuyó toda su sabiduría y poder a su unidad con el Padre, y a que percibía los pensamientos de Dios: «Mi Padre y yo somos uno».

Tal era el fundamento de su conocimiento y poder. Mostró al pueblo la necesidad de despertar espiritualmente; de escuchar su voz y asemejarse a él. Comparó al hombre irreflexivo, que es presa y juguete de las circunstancias, con el difunto en una tumba, y le rogó que escuchara y saliera.

«Dios es espíritu», dijo; «naced de nuevo, despertad espiritualmente y podréis ver su reino. Escuchad mi voz, ved lo que soy y lo que hago, y salid a vivir.

Las palabras que digo son espíritu y vida; aceptadlas y harán brotar en vosotros un pozo de agua. Entonces tendréis vida en tu interior».

«Hago lo que veo hacer al Padre», dijo, queriendo con eso decir que leía los pensamientos de Dios: «El Padre muestra todas las cosas al Hijo». «Si alguien tiene la voluntad de hacer la voluntad de Dios, conocerá la verdad». «Mi enseñanza no es mía, sino del que me envió». «Conoceréis la verdad y la verdad os hará libres». «El espíritu os guiará a toda la verdad».

Estamos inmersos en la mente y esa mente contiene todo el conocimiento y toda la verdad. Busca darnos este conocimiento, pues nuestro Padre se deleita en dar buenos regalos a sus hijos. Los profetas y videntes, y los grandes hombres y mujeres, pasados y presentes, se hicieron grandes por lo que recibieron de Dios, no por lo que les enseñaron los hombres. Esta reserva ilimitada de sabiduría y poder está abierta para ti; puedes recurrir a ella como quieras, según tus necesidades. Puedes convertirte en lo que deseas ser; puedes hacer lo que deseas hacer; puedes tener lo que deseas. Para lograr esto debes aprender a ser uno con el Padre, de forma que puedas percibir la verdad; para que tengas sabiduría y conozcas los fines correctos que debes buscar, y los medios correctos que debes usar para alcanzar esos fines, y para que puedas asegurar el poder y la habilidad para usar los medios. Al concluir este capítulo, resuelve que dejarás ya de lado todo lo demás y te concentrarás en el logro de la unidad consciente con Dios.

«Oh, cuando estoy a salvo en mi hogar selvático, pisoteo el orgullo de Grecia y Roma y, cuando estoy tumbado bajo los pinos, donde brillan sagradas las estrellas vespertinas, me río de la sabiduría y el orgullo del hombre, de las escuelas sofistas y de la camarilla de los doctos porque, ¿dónde están todos ellos, con su gran presunción, cuando el hombre puede toparse con Dios en el matorral?********».

******** *Good-Bye*, poema de Ralph Waldo Emerson *(N. del T.)*.

CAPÍTULO V

Preparación

«Acércate a Dios y Él se acercará a ti».

Si te vuelves como Dios, podrás leer sus pensamientos y, si no lo haces, te resultará imposible la percepción inspiradora de la verdad.

> *Nunca podrás convertirte en un gran hombre o mujer hasta que no hayas superado la ansiedad, la preocupación y el miedo. Es imposible que una persona ansiosa, preocupada o temerosa perciba la verdad; todas las cosas se ven distorsionadas y se sacan de sus relaciones apropiadas por culpa de tales estados mentales y, quienes están sumidos en ellos, no pueden leer los pensamientos de Dios.*

Si eres pobre, o si está ansioso por culpa de los negocios o los asuntos financieros, te recomiendo que estudies cuidadosamente el primer volumen de esta serie, *La ciencia de hacerse rico*. Allí se te presentará una solución para tus problemas de esta naturaleza, sin importar cuán grandes o complicados puedan parecer. No existe el menor motivo de preocupación por culpa de los asuntos financieros; toda aquella persona que lo desee puede elevarse por encima de la carencia, tener todo lo que necesita y hacerse rica. La misma fuente a la que te propones recurrir para el desarrollo mental y el poder espiritual está a tu servicio para proveer todas tus necesidades materiales. Estudia esta verdad hasta que se fije en tus pensamientos y hasta que destierres la ansiedad; procede de Determinada Manera, que conduce a la riqueza material.

Insisto, si te sientes ansioso o preocupado por tu salud, sé consciente de que es posible que alcances una salud perfecta, de forma que tengas fuerza suficiente para todo lo que desees hacer y más. Esa Inteligencia que está dispuesta a darte riqueza y poder mental y espiritual se alegrará de otorgarte también salud. La salud perfecta es tuya tan solo con pedirla, si simplemente obedeces las simples leyes de la vida y vives correctamente. Vence la mala salud y expulsa el miedo. Pero no es suficiente con elevarse por encima de la ansiedad y las preocupaciones financieras y físicas; también debes elevarte por encima de las malas acciones morales. Busca en tu conciencia interior los motivos que te mueven y asegúrate de que son correctos. Debes desechar la lujuria y dejar de ser gobernado por tus apetitos, y debes comenzar a gobernar tú esos apetitos. Debes comer solo para satisfacer el hambre, nunca por placer glotón, y, en todo momento, debes hacer que la carne obedezca al espíritu.

Debes dejar de lado la codicia; no albergues ningún motivo indigno en tu deseo de ser rico y poderoso. Es legítimo y correcto desear las riquezas, si las quieres por el bien del alma, pero no si las deseas por los deseos de la carne.

Desecha el orgullo y la vanidad; no pienses en tratar de dominar a los demás o de encumbrarte sobre ellos. Este es un punto clave; no hay tentación tan insidiosa como el deseo egoísta de dominar a los demás.

Nada atrae tanto al hombre o a la mujer promedio como sentarse en los mejores lugares en las fiestas, que le saluden respetuosamente en el mercado y le llamen Rabí, Maestro. Ejercer algún tipo de control sobre los demás es la aspiración secreta de toda persona egoísta. La lucha por el poder sobre los demás es la batalla del mundo competitivo, y tú debes elevarte por encima de ese mundo y de sus motivos y aspiraciones, y buscar solo la vida. Desecha la envidia; puedes tener todo lo que quieras y no necesitas envidiar a nadie lo que tiene. Por encima de todo, procura no albergar malicia ni enemistad contra nadie; hacerlo te separa de la mente cuyos tesoros buscas conseguir. «El que no ama a su hermano, no ama a Dios».

Deja a un lado toda la estrecha ambición personal y decídete a buscar el bien más elevado y a no dejarte llevar por ningún egoísmo indigno.

Repasa todo lo anterior y aparta estas tentaciones morales de tu corazón una por una; decídete a mantenerlas fuera. Luego, toma la decisión de que no solo abandonarás todos los malos pensamientos, sino que dejarás todas las obras, hábitos y cursos de acción que no se ajusten a tus más nobles ideales. Esto es sumamente importante; toma dicha resolución con toda la fuerza del alma, y estarás listo para el siguiente paso hacia la grandeza, que se explica en el siguiente capítulo.

CAPÍTULO VI

El punto de vista social

SIN fe es imposible agradar a Dios y, sin fe, es imposible que llegues a ser grande. La característica que distingue a todos los hombres y mujeres realmente grandes es una fe inquebrantable. Lo vemos en Lincoln durante los días oscuros de la guerra; lo vemos en Washington en Valley Forge********; lo vemos en Livingstone, el misionero lisiado, deambulando por los laberintos del continente negro, con su alma encandilada con la determinación de arrojar luz sobre el maldito comercio de esclavos, que aborrecía con toda su alma; lo vemos en Lutero y en Frances Willard, y en cada hombre y mujer que ha se ha hecho un hueco en la lista de los grandes del mundo. La fe, y no fe en uno mismo o en sus propios poderes, sino la fe en los principios, en el Algo Grande que nos mantiene firmes y en el que se puede confiar para que nos dé la victoria cuando llegue el momento. Sin esta fe, no es posible que nadie se eleve a la verdadera grandeza.

El hombre que no tiene fe en los principios será siempre un hombre pequeño. Que tengas esta fe o no depende de tu punto de vista. Debes aprender a ver el mundo como producto de la evolución, como algo que

---

******** Cuartel de invierno de George Washington en un momento muy bajo para su causa durante la Guerra de Independencia contra los británicos *(N. del T.)*.

está evolucionando y en transformación, y no como una obra terminada. Hace millones de años, Dios trabajó con formas de vida muy primitivas y toscas, bajas y rudimentarias, pero cada una perfecta según su especie. Organismos más evolucionados y complejos, animales y vegetales, fueron apareciendo a lo largo de sucesivas edades; la Tierra pasó por una etapa tras otra de desarrollo, siendo cada una de esas etapas perfecta en sí misma, y destinadas a ser sucedidas por otras más elevadas. Lo que quiero que entendáis es que los llamados «organismos inferiores» son tan perfectos en su ámbito como los superiores; que el mundo en el período eoceno era perfecto para tal período; era perfecto, pero la obra de Dios no había terminado. Esto es igual de cierto para el mundo actual. Físicamente, socialmente e industrialmente es completamente bueno, y es del todo perfecto. No está completo en ningún lugar ni en ninguna parte, pero, hasta donde ha llegado, la obra de Dios es perfecta.

> ESTE DEBE SER TU PUNTO DE VISTA:
> QUE EL MUNDO Y TODO LO QUE CONTIENE
> ES PERFECTO, AUNQUE NO ESTÉ COMPLETO.

«Todo está bien en el mundo». Tal es la gran verdad. No hay nada malo en nada; no hay nada malo en nadie.

Debes contemplar todo cuanto acontece en la vida desde este punto de vista.

No hay nada malo en la naturaleza. La naturaleza es una gran presencia que avanza y trabaja benéficamente en pro de la felicidad de todos. Todas las cosas que existen en la naturaleza son buenas; ella no tiene maldad. No está terminada, pues la creación está todavía inacabada, pero va a dar al hombre aún más generosamente de lo que le ha dado en el pasado. La naturaleza es una expresión parcial de Dios y Dios es amor. Es perfecta, pero no completa.

Lo mismo ocurre con la sociedad y el gobierno humanos. Aunque haya trusts y combinaciones de capital, y huelgas y cierres patronales y demás. Todas estas cosas son parte del movimiento hacia adelante; son accidentales al proceso evolutivo de completar la sociedad. Cuando este esté completo, habrá armonía; pero no puede completarse sin ellas. J. P. Morgan es tan necesario para el orden social venidero como los extraños animales de la era de los reptiles lo fueron para la vida del período siguiente y, así como estos animales eran perfectos en su ámbito, Morgan es perfecto en su ámbito.

He aquí que todo es muy bueno. Ved al gobierno y la industria como perfectos en este momento, y considerad que avanzan con rapidez hacia su culminación; entonces comprenderéis que no hay nada que temer, ningún motivo de ansiedad, nada de qué preocuparse. Nunca te quejes de ninguna de estas cosas. Son perfectas; este es el mejor mundo posible para la etapa de desarrollo que el hombre ha alcanzado.

Esto les parecerá a muchos, quizás a la mayoría de la gente, una gran locura. «¿Qué?», dirán, «¿no son malos el trabajo infantil y la explotación de hombres y mujeres en fábricas sucias e insalubres? ¿No son malas las tabernas? ¿Quieres decir que debemos aceptar todo esto y considerarlo bueno?».

El trabajo infantil y cosas similares no son peores que el modo de vida y los hábitos y prácticas del cavernícola. Las costumbres de este último eran las de la etapa salvaje del crecimiento del hombre y, para esa etapa, eran perfectas. Nuestras prácticas industriales son las de la etapa salvaje del desarrollo industrial y también son perfectas.

Nada mejor es posible, en la industria y los negocios, hasta que dejemos de ser salvajes mentales y nos convirtamos en hombres y mujeres. Esto solo puede ocurrir a través de la elevación de toda la raza hasta un punto de vista más elevado. Y esto solo puede llevarse a cabo mediante la elevación de aquellos individuos que, aquí y allá, estén preparados para adoptar un punto de vista superior. La cura para toda esta inarmonía no se encuentra en los maestros o patronos, sino en los propios trabajadores. Siempre que alcancen un punto de vista más elevado, siempre que lo deseen, podrán establecer una completa hermandad y armonía en la industria; tienen el número y el poder para ello. Ahora están consiguiendo lo que desean. Siempre que deseen más, en el sentido de una vida más elevada, más pura y más armoniosa, recibirán más.

Es cierto que ahora quieren más, pero solo quieren más de las cosas que permiten el goce animal, y por eso la industria permanece en la etapa salvaje, brutal, animal; cuando los trabajadores comiencen a elevarse al plano mental de la vida y pidan más de los bienes que permiten la vida de la mente y del alma, la industria se elevará de inmediato por encima del plano del salvajismo y la brutalidad. Pero ahora es perfecta en su plano, si os fijáis, y, de hecho, es todo muy bueno. Lo mismo ocurre con los salones y los antros del vicio. Si la mayoría del pueblo desea tales cosas, es justo y necesario que las tenga. Cuando la mayoría desee un mundo sin tales perturbaciones, creará un mundo así. Mientras los hombres y las mujeres estén en el plano del pensamiento bestial, el orden social estará, en parte, desordenado y mostrará manifestaciones bestiales. El pueblo hace de la sociedad lo que esta es y, a medida que el pueblo se eleve por encima del pensamiento bestial, la sociedad se elevará por encima de lo bestial en sus manifestaciones. Pero una sociedad que piensa de manera bestial debe tener salones y antros; es perfecta según su ámbito, como lo era el mundo en el período eoceno, y muy buena.

Nada de todo esto te exime de trabajar en pro de cosas mejores.

> *Puedes trabajar para completar una sociedad inacabada, en lugar de renovar una decadente; y puedes trabajar provisto de un corazón mejor y un espíritu más esperanzador. Será muy diferente, para tu fe y tu espíritu, el que veas la civilización como algo bueno que está mejorando o como algo malo que está decayendo. El primer punto de vista te da una mente que avanza y se expande, y el segundo te da una mente que desciende y disminuye.*

El primer punto de vista te hará crecer y el segundo te hará menguar de manera inevitable. El primero te permitirá trabajar en pro de las cosas eternas; hacer grandes obras para completar todo lo que está incompleto y carente de armonía; y el segundo te convertirá en un mero remendón de retazos, trabajando casi sin esperanza para salvar unas pocas almas perdidas de lo que llegarás a considerar un mundo perdido y condenado. Así que ya ves que se te presenta una gran diferencia con este asunto del punto de vista social. «Todo está bien en el mundo. Nada puede estar mal, excepto mi actitud personal, y la corregiré. Veré lo que sucede en la naturaleza y todos los acontecimientos, circunstancias y condiciones de la sociedad, la política, el gobierno y la industria desde el punto de vista más elevado. Todo es perfecto, aunque incompleto. Todo es obra de Dios y hete aquí que todo es muy bueno».

CAPÍTULO VII

El punto de vista individual

Por muy importante que sea tu punto de vista respecto a lo que tiene que ver con la vida social, es menos importante que tu punto de vista respecto a tus semejantes, tus conocidos, amigos, parientes, tu familia inmediata y, sobre todo, respecto a ti mismo. Debes aprender a no ver el mundo como algo perdido y decadente, sino como algo perfecto y glorioso que avanza hacia la más bella plenitud, y debes aprender a ver a los hombres y mujeres no como cosas perdidas y malditas, sino como a seres perfectos que avanzan para completarse. No hay personas «malas» o «malvadas». Una máquina, que avanza sobre rieles tirando de un tren pesado, es perfecta según su especie y es buena. La fuerza del vapor que la impulsa es buena. Que un riel roto arroje a la locomotora a la zanja, no la convierte en mala o malvada por verse así desplazada; es una locomotora del todo buena, pero fuera de la vía.

La fuerza del vapor que la hace caer en la zanja y la destroza no es mala, sino una fuerza del todo buena. Así que lo que está mal colocado o aplicado de forma incompleta o parcial no es malo. No hay personas malvadas; hay personas del todo buenas que están fuera de la vía, pero no necesitan condena ni castigo; solo precisan volver a ponerse sobre los raíles.

> *Lo que no está desarrollado, o está incompleto, a menudo nos parece malo debido a la forma en que nos hemos entrenado para pensar.*

La raíz de un bulbo que dará lugar a un lirio blanco es algo antiestético; uno podría contemplarlo con asco. Pero qué tontos seríamos si condenáramos el bulbo por su apariencia cuando sabemos que el lirio está en su interior. La raíz es perfecta según su especie; es un lirio perfecto pero incompleto, y así debemos aprender a mirar a cada hombre y mujer, no importa cuán antipáticos sean en su manifestación externa; son perfectos en su etapa de ser y se están completando.

> *Considerad que todo es muy bueno.*

Una vez que comprendemos este hecho y llegamos a este punto de vista, perdemos todo deseo de encontrar faltas en las personas, de juzgarlas, criticarlas o condenarlas. Ya no trabajamos como los que salvan a las almas perdidas, sino como los que están entre los ángeles, trabajando en la realización de un cielo glorioso. Hemos nacido del espíritu y vemos el reino de Dios. Ya no vemos a los hombres como árboles ambulantes, sino que nuestra visión es completa. No tenemos más que buenas palabras que expresar. Todo es bueno; una humanidad grande y gloriosa que se dirige a la plenitud. Y, en nuestra asociación con los hombres, esto nos coloca en una actitud mental expansiva y de ampliación; los vemos como grandes seres y comenzamos a tratar con ellos y sus asuntos de una manera grandiosa. Pero si caemos en el otro punto de vista, y lo que vemos es una raza perdida y degenerada, nos encogemos a la mente contraída, y nuestro trato con los hombres y sus asuntos se llevará a cabo de una manera pequeña y contraída. Recuerda que debes mantenerte firmemente en este punto de vista; si así lo haces, no podrás dejar de empezar a tratar a tus conocidos y vecinos, y a tu propia familia, como una gran personalidad trata a los hombres.

Este mismo punto de vista debe ser el que adoptes para considerarte a ti mismo. Debes verte siempre como una gran alma que progresa. Aprende a decir: «Hay ESO en mí de lo que estoy hecho, que no conoce imperfección, debilidad o enfermedad. El mundo es incompleto, pero Dios, en mi propia conciencia, es perfecto y completo. Nada puede estar mal, a excepción de mi propia actitud personal, y mi propia actitud personal solo puede estar mal cuando desobedezco a ESO que está dentro de mí. Soy una manifestación perfecta de Dios hasta donde he llegado y seguiré adelante para ser completo. Confiaré y no tendré miedo». Cuando seas capaz de decir esto, con entendimiento, habrás perdido todo el miedo y estarás muy avanzado en el camino hacia el desarrollo de una gran y poderosa personalidad.

CAPÍTULO VIII

La consagración

Habiendo alcanzado el punto de vista que te pone en unas relaciones correctas con el mundo y con tus semejantes, el siguiente paso es la consagración; y la consagración, en su verdadero sentido, significa simplemente la obediencia del alma.

Tenéis dentro de vosotros lo que os impulsa siempre hacia el camino ascendente y de progreso; y ese algo que os impulsa es el Principio divino de Poder; debéis obedecerlo sin dudar. Nadie negará la afirmación de que, si vas a ser grande, la grandeza debe ser una manifestación de algo interior; no puedes cuestionar que ese algo debe ser lo más grande y elevado que hay en tu interior. No es la mente, ni el intelecto, ni la razón. No puedes ser grande si no te remontas más allá de tu poder de razonamiento, en busca de principios.

La razón no conoce ni los principios ni la moral. Tu razón es como un abogado, en el sentido de que argumentará a favor de cualquiera de las dos partes. El intelecto de un ladrón planeará el robo y el asesinato tan fácilmente como el intelecto de un santo planeará una gran obra filantrópica.

El intelecto nos ayuda a ver los mejores medios y la mejor manera de hacer lo correcto, pero el intelecto nunca nos muestra qué es lo correcto.

El intelecto y la razón sirven al hombre egoísta para sus fines egoístas tan fácilmente como sirven al hombre desinteresado para sus fines desinteresados. Utiliza el intelecto y la razón sin tener en cuenta los principios, y podrás llegar a ser conocido como una persona muy capaz, pero nunca llegarás a ser conocido como una persona cuya vida muestra el poder de la verdadera grandeza.

Se realiza demasiado entrenamiento del intelecto y de los poderes de razonamiento, y muy poco entrenamiento en la obediencia al alma. Eso es lo único que puede resultar malo en ti, si no prestas obediencia al Principio de Poder.

Volviéndote a tu propio centro interior, podrás encontrar siempre la idea pura de lo correcto para cada relación. Para ser grande y tener poder, solo es necesario adaptar tu vida a la idea pura tal como la encuentras en el GRAN INTERIOR. Todo compromiso, en este punto, se hace a costa de una pérdida de poder. Esto es algo que debes recordar. Hay muchas ideas en tu mente que ya has superado, pero que, por la fuerza de la costumbre, todavía permites que dicten las acciones de tu vida. Deja atrás todo eso; abandona todo lo que has superado. Todavía sigues muchas costumbres innobles, sociales y de otro tipo, aunque sabes que tienden a empequeñecerte y a hacerte seguir actuando de manera inferior. Supera todo eso. No digo que debas prescindir por completo de los convencionalismos, o de las normas comúnmente aceptadas de lo correcto y lo incorrecto. No puedes hacerlo, pero puedes liberar tu alma de casi todas las estrechas restricciones que atan a la mayoría de tus semejantes. No dediques tu tiempo y tu fuerza a apoyar instituciones obsoletas, sean religiosas o de otro tipo; no te ancles a credos en los que no crees. Sé libre. Tal vez hayas conformado algunos hábitos sensuales, mentales o corporales; abandónalos. Todavía te permites temer, lleno de desconfianza, que las cosas salgan mal, o que la gente te traicione o te maltrate; supéralo todo. Todavía actúas de forma egoísta, de muchas maneras y en muchas ocasiones; deja de hacerlo. Abandona todo eso y, en su lugar, pon en tu mente las mejores acciones que puedas concebir.

Si deseas avanzar y no lo haces, recuerda que solo puede deberse a que tu pensamiento es mejor que tus acciones. Debes hacer tanto bien como piensas.

Deja que tus pensamientos se rijan por los principios y luego vive a la altura de tus pensamientos. Que tu actitud en los negocios, en la política, en los asuntos del vecindario y en tu propio hogar sea la expresión de los mejores pensamientos que puedas tener.

> *Deja que tu forma de tratar a todos los hombres y mujeres, grandes y pequeños, y especialmente a tu propio círculo familiar, sea siempre la más amable, graciosa y cortés que puedas imaginar. Recuerda tu punto de vista; eres un dios en compañía de dioses y debes comportarte en consecuencia.*

Los pasos para la consagración completa son pocos y simples. No puedes dejarte gobernar por lo inferior si quieres ser grande; debes gobernar desde arriba. Por lo tanto, no puedes ser gobernado por impulsos físicos; debes someter tu cuerpo a la mente; pero tu mente, sin principios, puede llevarte al egoísmo y a caminos inmorales; debes someter la mente al alma, y tu alma está limitada por los límites de tu conocimiento; debes someterla a esa alma Nuestra que no necesita recurrir al entendimiento, pero ante cuyo ojo se despliegan todas las cosas. En eso consiste la consagración. Di: «Entrego mi cuerpo para que sea gobernado por mi mente; entrego mi mente para que sea gobernada por mi alma, y entrego mi alma a la guía de Dios». Haz que esta consagración sea completa y exhaustiva, y habrás dado el segundo gran paso en el camino de la grandeza y el poder.

CAPÍTULO IX

La identificación

HABIENDO reconocido a Dios como la presencia que progresa en la naturaleza, en la sociedad y en tus semejantes, y habiéndote armonizado con todo ello, y habiendo consagrado tu ser a aquello que dentro de ti te impulsa hacia lo más grande y lo más elevado, el siguiente paso es tomar conciencia y reconocer plenamente el hecho de que el Principio de Poder en tu interior es Dios mismo. Debes identificarte conscientemente con lo más elevado. No se trata de que debas asumir una posición falsa o insincera, sino de que reconozcas el hecho cierto. Tú ya eres uno con Dios y ahora quieres ser consciente de ello. Existe una sustancia, la fuente de todas las cosas, y esa sustancia tiene, en sí misma, el poder que crea todas las cosas; todo el poder es inherente a ella. Esta sustancia es consciente y piensa; trabaja con perfecta comprensión e inteligencia. Tú sabes que esto es así, porque sabes que la sustancia existe y que la conciencia existe, y que debe ser la sustancia la que es consciente.

El hombre es consciente y piensa; el hombre es sustancia, debe ser sustancia, si no, no es nada y no existe en absoluto. Si el hombre es sustancia y piensa, y es consciente, entonces es Sustancia Consciente. No es concebible que haya más de una Sustancia Consciente; así que el hombre es la sustancia original, la fuente de toda vida y poder encarnada en una forma física. El hombre no puede ser algo diferente de Dios. La inteligencia es una y la misma en todas partes, y debe ser, en todas partes, un atributo de la misma sustancia. No puede haber un tipo de inteligencia Divina y otro tipo de inteligencia en el hombre; la inteligencia solo puede estar en la sustancia inteligente, y la sustancia inteligente es Dios.

El hombre es de una misma materia con Dios y, por eso, todos los talentos, poderes y posibilidades que existen en Dios están en el hombre, no solo en unos pocos hombres excepcionales, sino en todos. «Todo poder le es dado al hombre, en el cielo y en la tierra». «¿No está escrito: vosotros sois dioses?». El Principio de Poder en el interior del hombre es el hombre mismo, y el hombre mismo es Dios. Pero, aunque el hombre es la sustancia original, y tiene dentro de sí todo el poder y las posibilidades, su conciencia es limitada. No sabe todo lo que hay que saber, por lo que está expuesto al error y a la equivocación. Para salvarse de ellos, debe unir su mente a aquello que está fuera de él y que lo sabe todo; debe convertirse conscientemente en uno con Dios. Hay una Mente que lo rodea por todos lados, más próxima que la respiración, más cercana que las manos y los pies y, en dicha Mente, reside la memoria de todo lo que ha sucedido, desde las más grandes convulsiones de la naturaleza en los días prehistóricos hasta la caída de un gorrión en este tiempo presente, y todo lo que existe ahora también. En esta Mente se encuentra el gran propósito que está detrás de toda la naturaleza, y así sabe lo que va a ser. El hombre está rodeado por una Mente que sabe todo lo que hay que saber, pasado, presente y por venir. Todo lo que los hombres han dicho o hecho o escrito está presente en ella. El hombre es de la misma materia idéntica que esta Mente; procedió de ella y puede identificarse con ella de tal manera que puede saber lo que ella sabe.

«Mi Padre es más grande que yo», dijo Jesús, «yo provengo de Él». «Mi Padre y yo somos uno. Él muestra al hijo todas las cosas». «El espíritu os guiará a toda la verdad».

La identificación de ti mismo con el Infinito debe llevarse a cabo mediante el reconocimiento consciente por tu parte. Reconociendo como un hecho cierto que solo existe Dios, y que toda la inteligencia reside en la sustancia única, debes afirmar algo en la línea de lo que dijo un sabio: «Solo existe uno y ese uno está en todas partes. Me entrego a la unidad consciente con lo más alto. No yo, sino el Padre. Quiero ser uno con el Supremo y vivir la vida divina. Soy uno con la conciencia infinita; solo existe una mente, y yo soy esa mente. Yo, el que os habla, soy él».

Si has sido minucioso en el trabajo, tal y como se ha expuesto en los capítulos precedentes, si has alcanzado el verdadero punto de vista, y si tu consagración es completa, no te resultará difícil lograr la identificación consciente; y, una vez alcanzada, el poder que buscas es tuyo, pues te has hecho uno con todo el poder que existe.

CAPÍTULO X

La idealización

Tú eres un centro de pensamiento en la sustancia original, y los pensamientos de la sustancia original tienen el poder creativo; todo aquello que se forma en su pensamiento, y se mantiene como una forma mental, debe llegar a existir como una forma visible, llamada material, y una forma mental que se alberga en la sustancia pensante es una realidad; es algo real, dependiendo de si se ha hecho visible para el ojo mortal o no. Esto es algo que debes grabar en tu cabeza: que una idea que está sostenida por la sustancia pensante es algo real; una forma que tiene existencia real aunque no sea visible para ti. Tú, en tu interior, tomas la forma de lo que piensas de ti mismo, y te rodeas de las formas invisibles de aquello con lo que te asocias con el pensamiento.

Si deseas una cosa, imagínatela con claridad y mantén la imagen en tu mente hasta que se convierta en una forma de pensamiento definida; y, si tus prácticas no son de las que te apartan de Dios, la cosa que deseas vendrá a ti en forma material. Debe hacerlo en obediencia a la ley por la que el universo fue creado.

No crees formas mentales de ti mismo vinculadas con la enfermedad o el malestar, sino que has de formarte una concepción de salud. Genera una forma de pensamiento sobre ti mismo como alguien fuerte y saludable, y que se encuentra perfectamente bien; imprime tal idea en la inteligencia creativa y, si tus prácticas no están en contradicción con las leyes con las que el cuerpo físico está construido, tu forma de pensamiento se manifestará en tu carne. Esto también es algo seguro; ocurrirá por obediencia a la ley.

> *Crea una forma mental de ti mismo tal como deseas ser, y establece tu ideal tan cerca de la perfección como tu imaginación sea capaz de lograr.*

Permíteme un ejemplo: si un joven estudiante de derecho desea llegar a ser grande, que se imagine a sí mismo (mientras atiende al punto de vista, la consagración y la identificación, como se ha indicado anteriormente) como un gran abogado, defendiendo su caso con elocuencia y poder inigualables ante el juez y el jurado; como si tuviera un dominio ilimitado de la verdad, del conocimiento y de la sabiduría. Que se imagine a sí mismo como ese gran abogado en todas las situaciones y contingencias posibles; mientras todavía es solo el estudiante, en cualquier circunstancia, que nunca olvide o deje de ser el gran abogado en la forma mental que tiene de sí mismo. A medida que la forma mental se vuelve más definida y habitual en su mente, las energías creativas, tanto internas como externas, se ponen en marcha, él comienza a manifestar la forma desde el interior y todos los elementos esenciales externos, que tienen parte en la imagen, comienzan a verse impulsados hacia él. Él se convierte en esa imagen y Dios trabaja con él; nada puede impedir que se convierta en lo que él desea.

De igual manera, el estudiante de música se imagina a sí mismo ejecutando armonías perfectas y deleitando a grandes audiencias; el actor se forma la más alta concepción de la que es capaz con respecto a su arte y se aplica esta concepción a sí mismo. El agricultor y el mecánico hacen exactamente lo mismo. Fija el ideal de lo que quieres hacer contigo mismo; reflexiona con detenimiento y asegúrate de hacer la elección correcta; es decir, la que te resulte más satisfactoria en general. No prestes demasiada atención a los consejos o sugerencias de los que te rodean: no creas que nadie puede saber, mejor que tú mismo, lo que te conviene. Escucha lo que otros tienen que decir, pero saca siempre tus propias conclusiones.

> NO DEJES QUE LOS DEMÁS DECIDAN
> LO QUE DEBES SER. SÉ LO QUE SIENTAS
> QUE QUIERES SER.

No te dejes engañar por falsas nociones de obligación o deber.

No puedes tener, para con los demás, ninguna obligación o deber que te impida sacar lo mejor de ti mismo. Sé fiel a ti mismo y, de hacerlo, no podrás ser falso con ningún hombre.

Cuando hayas decidido del todo lo que quieres ser, forma la más alta concepción de eso que seas capaz de imaginar y haz de tal concepción una forma mental. Mantén esa forma mental como algo cierto, como la auténtica sobre ti mismo, y cree en ella.

Cierra tus oídos a todas las sugerencias adversas. No te preocupes si la gente te llama tonto y soñador. Sigue soñando. Recuerda que Bonaparte, el teniente medio hambriento, siempre se vio a sí mismo como el general de los ejércitos y el amo de Francia, y se convirtió en la realización exterior de lo que tenía en mente. Así también lo harás tú. Presta atención a todo lo que se ha dicho en los capítulos anteriores, y actúa como se indica en los siguientes, y te convertirás en lo que quieres ser.

CAPÍTULO XI

La realización

SIN embargo, si te detuvieras en el final del último capítulo, nunca llegarías a ser grande; serías un mero soñador de fantasías, alguien que levanta castillos en el aire. Demasiados se detienen ahí; no comprenden la necesidad de la acción para materializar la visión y llevar la forma mental a manifestarse. Son necesarias dos cosas: en primer lugar, la creación de la forma mental y, en segundo lugar, la verdadera asimilación de todo lo que tiene que ver e involucra la forma mental. Hemos hablado de la primera, ahora procederemos a dar instrucciones para lo segundo. Cuando has creado tu forma mental, ya eres, en tu interior, lo que quieres ser; y ahora debes convertirte externamente en lo que quieres ser. Ya eres grande para tus adentros, pero todavía no estás haciendo cosas grandes en el exterior. No puedes empezar, de manera instantánea, a hacer las grandes cosas; no puedes ser ante el mundo el gran actor, o abogado, o músico, o personalidad que sabes que eres; nadie te confiará empeños tan grandes como tú, porque no te has dado a conocer. Pero siempre puedes empezar a hacer cosas pequeñas de forma grande.

Ahí reside todo el secreto. Puedes empezar a ser grande hoy en tu propia casa, en tu tienda u oficina, en la calle, en todas partes; puedes empezar a darte a conocer como grande y puedes hacerlo haciendo todo lo que haces de una manera grande.

> *Debes poner todo el poder de tu gran alma en cada acto, por*
> *pequeño y común que sea, y así revelar a tu familia, a tus amigos y*
> *a tus vecinos lo que realmente eres.*

No te jactes ni presumas de ti mismo; no vayas diciendo a la gente el gran personaje que eres, tan solo vive de una manera grande. Nadie te creerá si le dices que eres un gran hombre, pero nadie podrá dudar de tu grandeza si la demuestras con tus actos. En tu círculo doméstico sé tan justo, tan generoso, tan cortés y bondadoso que tu familia, tu mujer, tu marido, tus hijos, tus hermanos y hermanas sepan que eres un alma grande y noble.

> *En todas tus relaciones con los hombres sé grande, justo,*
> *generoso, cortés y amable. Los grandes nunca son de otra manera.*
> *Tal ha de ser tu actitud.*

A continuación, y esto es lo más importante, debes tener una fe absoluta en tus propias percepciones de la verdad. Nunca actúes con prisa o de forma precipitada; obra con deliberación en todo; espera hasta que sientas que conoces el verdadero camino. Y cuando sientas que conoces el verdadero camino, guíate por tu propia fe aunque el mundo entero no esté de acuerdo contigo. Si no crees en lo que Dios te dice en las cosas pequeñas, nunca aprovecharás su sabiduría y conocimiento en las cosas más grandes. Cuando sientas en lo más hondo de tu ser que un determinado acto es el correcto, hazlo y ten completa fe en que las consecuencias serán buenas. Cuando sientas la más profunda impresión de que una determinada cosa es verdadera, sin importar que aparente todo lo contrario, acepta esa cosa como verdadera y actúa en consecuencia. La única manera de desarrollar una percepción de la Verdad en las cosas grandes es confiar absolutamente en tu percepción actual de la Verdad en las cosas pequeñas. Recuerda que estás buscando desarrollar este mismo poder o facultad: la percepción de la verdad; estás aprendiendo a leer los pensamientos de Dios.

> *Nada es grande y nada es pequeño desde la perspectiva de la Omnipotencia; él mantiene el sol en su lugar, pero también nota la caída de un gorrión y cuenta los cabellos de tu cabeza.*

Dios está tan interesado en los pequeños asuntos de la vida cotidiana como en las cuestiones de las naciones. Puedes percibir la verdad sobre los asuntos de la familia y del vecindario, así como sobre los asuntos de estado. Y la manera de empezar es tener una fe perfecta en la verdad sobre estos pequeños asuntos, tal y como se te revela día a día. Cuando te sientas del todo impelido a tomar un curso de acción que parezca contrario a toda razón y juicio mundano, toma tal curso. Escucha las sugerencias y los consejos de los demás, pero haz siempre lo que sientas en lo más hondo de tu interior que es lo verdadero. Confía con absoluta fe, en todo momento, en tu propia percepción de la verdad; pero asegúrate de escuchar a Dios para no actuar con prisa, miedo o ansiedad.

Confía en tu percepción de la verdad en todos los hechos y circunstancias de la vida. Si sientes en lo más hondo que cierto hombre estará en cierto lugar en cierto día, ve allí con completa fe en que le encontrarás; él estará allí, no importa cuán improbable pueda parecer. Si te sientes seguro de que ciertas personas están haciendo determinados manejos, o llevando a cabo ciertos actos, actúa con la fe de que están haciendo esas cosas.

> *Si te sientes seguro de la verdad sobre cualquier circunstancia o suceso, cercano o lejano, pasado, presente o futuro, confía en tu percepción. Es posible que, al principio, cometas algunos errores debido a tu imperfecta comprensión de lo que subyace; pero pronto te guiarás casi invariablemente por la razón.*

Tu familia y tus amigos no tardarán en comenzar a apoyarse, cada vez más, en tu juicio y a dejarse guiar por ti. Pronto, tus vecinos y conciudadanos acudirán a ti en busca de consejo; pronto se te reconocerá como alguien que es grande en las cosas pequeñas y te pedirán cada vez más que te hagas cargo de cosas más grandes. Todo lo necesario es que te dejes guiar de forma absoluta, en todas las cosas, por tu luz interior, tu percepción de la verdad. Obedece a tu alma, ten una fe completa en ti mismo. Nunca pienses en ti mismo con duda o desconfianza, o como alguien que comete errores. «Si juzgo, mi juicio es justo, porque no busco la aprobación de los hombres, sino solo la del Padre».

CAPÍTULO XII

La prisa y los hábitos

Sin duda, tienes muchos problemas, domésticos, sociales, físicos y financieros, que crees urgentes y necesitados de solución instantánea. Tienes deudas que pagar u otras obligaciones que cumplir; te encuentras en una situación infeliz o inarmónica, y sientes que debes hacer algo de inmediato. No te apresures ni actúes movido por impulsos superficiales. Puedes confiar en Dios para la solución de todos tus enredos personales. No hay prisa. Solo existe Dios y todo está bien en el mundo.

> *Hay un poder invencible en tu interior y el mismo poder está en las cosas que quieres. Las trae hacia ti y te lleva a ellas.*

Este es un pensamiento que debes captar y mantener continuamente: que la misma inteligencia que está en tu interior se encuentra en las cosas que deseas. Estas son impulsadas hacia ti tan fuerte y decididamente como tu deseo te impulsa a ti hacia ellas. La tendencia, por lo tanto, de un pensamiento sostenido firmemente, debe ser la de traerte las cosas que deseas y agruparlas a tu alrededor. Mientras mantengas tu pensamiento y tu fe con corrección, todo debe ir bien. Nada que no sea tu propia actitud personal puede estar mal y esta no estará mal si confías y no tienes miedo. La prisa es una manifestación del miedo; quien no teme, tiene mucho tiempo. Si actúas con fe inquebrantable en tus propias percepciones de la verdad, nunca llegarás demasiado tarde o demasiado pronto, y nada irá mal.

Si las cosas parecen ir mal, no te perturbes mentalmente; es solo en apariencia. Nada puede ir mal en este mundo, a no ser tú mismo y puedes ir mal solo si adoptas una actitud mental equivocada. Siempre que te encuentres excitado, preocupado o en actitud mental de prisa, siéntate y piensa en ello, juega a algún tipo de juego o tómate unas vacaciones. Vete de viaje y todo estará bien cuando vuelvas. Con tanta certeza como te encuentras en la actitud mental de la prisa, sabrás de forma segura que te hallas fuera de la actitud mental de la grandeza. La prisa y el miedo cortarán de forma instantánea tu conexión con la mente universal; no obtendrás poder, ni sabiduría, ni información hasta que estés tranquilo. Y caer en las prisas frenará la acción del Principio de Poder en tu interior. El miedo convierte la fuerza en debilidad.

Recuerda que el aplomo y el poder están asociados de manera inseparable.

La mente tranquila y equilibrada es la mente fuerte y grande; la mente apresurada y agitada es la débil.

Siempre que caigas en el estado mental de la prisa, puedes estar seguro que has perdido el punto de vista correcto; estás empezando a ver el mundo, o alguna parte de él, como si fuera malo. En momentos así, lee el capítulo seis de este libro; considera el hecho de que esta obra es perfecta, ahora, con todo lo que contiene. Nada va mal; nada puede ir mal; mantén la calma, la alegría; ten fe en Dios.

En cuanto a los hábitos, es probable que tu mayor dificultad resida en superar tus viejas formas habituales de pensar, y en formar nuevos hábitos. El mundo se rige por los hábitos. Los reyes, los tiranos, los amos y los plutócratas mantienen sus posiciones únicamente porque la gente ha llegado a aceptarlos de forma habitual. Las cosas son como son solo porque la gente se ha formado el hábito de aceptarlas como son. Cuando el pueblo cambie su pensamiento habitual sobre las instituciones gubernamentales, sociales e industriales, cambiará esas instituciones.

> *El hábito nos gobierna a todos.*

Tal vez te hayas formado el hábito de pensar en ti mismo como una persona común, como alguien con una capacidad limitada, o como alguien más o menos fracasado. Sea lo que sea lo que habitualmente piensas que eres, eso es lo que eres. Debes desarrollar ahora un hábito mayor y mejor; debes formarte la concepción de ti mismo como un ser de poder ilimitado y pensar de forma continua que eres ese ser. Es el pensamiento habitual, no el esporádico, el que decide tu destino. De nada te servirá sentarte aparte durante unos momentos varias veces al día para afirmar que eres grande, si durante todo el resto del día, mientras realizas tus labores habituales, piensas que no eres grande. Ninguna cantidad de oraciones o afirmaciones te hará grande si habitualmente sigues considerándote pequeño.

> *El uso de la oración y la afirmación sirven para cambiar tu hábito de pensamiento.*

Cualquier acto, mental o físico, repetido con frecuencia, se convierte en un hábito. El propósito de los ejercicios mentales es repetir ciertos pensamientos una y otra vez hasta que el pensar en tales ideas se vuelva constante y habitual. Los pensamientos que repetimos continuamente se convierten en convicciones. Lo que debes hacer es repetir la nueva idea sobre ti mismo hasta que sea la única forma en la que piensas en ti. El pensamiento habitual, y no el entorno o las circunstancias, ha hecho de ti lo que eres. Toda persona tiene una idea central o forma de pensamiento sobre sí misma y, por medio de tal idea, clasifica y ordena todos sus hechos y relaciones externas. Tú clasificas tus actos según la idea de que eres de una personalidad grande y fuerte, o según la idea de que eres limitado, común o débil. Si este último es el caso, debes cambiar tu idea central.

Consigue una nueva imagen mental de ti mismo. No intentes llegar a ser grande repitiendo meras cadenas de palabras o fórmulas superficiales; antes bien, repite una y otra vez la IDEA sobre tu propio poder y habilidad hasta que clasifiques los hechos externos, y decidas tu lugar, en todas partes, según esta idea.

En otro capítulo encontrarás un ejercicio mental ilustrativo, así como nuevas indicaciones sobre este punto.

CAPÍTULO XIII

El pensamiento

L A GRANDEZA solo se alcanza mediante el pensar de forma constante en grandes pensamientos.

> Ningún hombre puede llegar a ser grande en su personalidad externa hasta que sea grande internamente; y ningún hombre puede ser grande internamente hasta que PIENSE.

Ninguna acumulación de educación, lectura o estudio puede hacerte grande sin el pensamiento; pero el pensamiento puede hacerte grande con muy poco estudio. Hay demasiadas personas que tratan de hacer algo por sí mismas, leyendo libros sin pensar; todas ellas fracasarán. Uno no se desarrolla mentalmente por lo que lee, sino por lo que piensa sobre lo que lee.

Pensar es el más duro y agotador de todos los trabajos, y por eso mucha gente lo rehúye. Dios nos ha formado de tal manera que estamos continuamente impulsados al pensamiento; debemos pensar o dedicarnos a alguna actividad para escapar del pensamiento. La persecución continua del placer, en la que la mayoría de la gente emplea todo su tiempo libre, es solo un esfuerzo para escapar del pensamiento. Si están solos, o si no tienen nada divertido que les llame la atención, como una novela que leer o un espectáculo que ver, deben pensar; y, para escapar del pensamiento, recurren a las novelas, a los espectáculos y a todos los interminables artificios que les suministran los proveedores de diversión. La mayoría de las personas pasa la mayor parte de su tiempo de ocio huyendo del pensamiento, de ahí que estén donde están. Nunca avanzamos hasta que empezamos a pensar.

Lee menos y piensa más. Lee sobre grandes cosas y piensa en grandes cuestiones y temas. En la actualidad, tenemos pocas figuras realmente grandes en la vida política de nuestro país; nuestros políticos son un colectivo insignificante. No hay ningún Lincoln, ni Webster, ni Clay, ni Calhoun, ni Jackson. ¿Por qué? Porque nuestros estadistas actuales solo se ocupan de cuestiones sórdidas y mezquinas: cuestiones de dólares y centavos, de conveniencia y éxito partidista, de prosperidad material, sin tener en cuenta el derecho ético. Pensar de tal manera no concita a las grandes almas. Los estadistas de la época de Lincoln y de tiempos anteriores se ocuparon en cuestiones sobre verdades eternas, derechos humanos y justicia. Los hombres pensaron sobre grandes temas; pensaron grandes cuestiones y se convirtieron en grandes hombres.

> *El pensamiento, y no el mero conocimiento o la información, forja la personalidad. Pensar es crecer; no se puede pensar sin crecer. Cada pensamiento engendra otro pensamiento.*

Escribe una idea y otras le seguirán, hasta que hayas escrito una página. No puedes comprender tu propia mente; no tiene ni fondo ni límites. Tus primeros pensamientos pueden ser burdos, pero, a medida que sigas pensando, utilizarás más y más de ti mismo; acelerarás la actividad de nuevas células cerebrales y desarrollarás nuevas facultades. La herencia, el entorno, las circunstancias, todas las cosas deben ceder ante ti si practicas un pensamiento sostenido y continuo. Pero, por otro lado, si descuidas el pensar por ti mismo y solo utilizas el pensamiento de los demás, nunca sabrás de lo que eres capaz y acabarás por no ser capaz de nada.

No puede haber verdadera grandeza sin un pensamiento original. Todo lo que un hombre realiza exteriormente es la expresión y la culminación de su pensamiento interior. Ninguna acción es posible sin el pensamiento, y ninguna gran acción es posible hasta que un gran pensamiento la haya precedido. La acción es la segunda forma del pensamiento, y la personalidad es la materialización del pensamiento. El entorno es el resultado del pensamiento; las cosas se agrupan o se organizan a tu alrededor según tu pensamiento. Hay, como dice Emerson, una idea central o concepción de ti mismo gracias a la cual se ordenan y clasifican todos los hechos de tu vida. Si cambias esta idea central, cambiarás la ordenación o clasificación de todos los hechos y circunstancias de tu vida. Eres lo que eres porque piensas como lo haces; estás donde estás porque piensas como lo haces.

Por consiguiente, puedes apreciar la inmensa importancia de pensar en los grandes aspectos esenciales, expuestos en los capítulos anteriores. No debes aceptarlos de manera superficial; debes pensar en ellos hasta que formen parte de tu idea central. Vuelve a la cuestión del punto de vista y considera, en todos sus aspectos, el tremendo pensamiento de que vives en un mundo perfecto entre personas perfectas, y que no puede haber nada malo en ti, a no ser tu propia actitud personal. Piensa en todo esto hasta que te des cuenta de todo lo que significa para ti. Considera que éste es el mundo de Dios y que es el mejor de todos los mundos posibles; que Él lo ha llevado hasta su culminación mediante los procesos de evolución orgánica, social e industrial, y que continúa hacia una mayor plenitud y armonía.

Considera que existe un gran Principio inteligente y perfecto de Vida y Poder, origen de todos los fenómenos cambiantes del cosmos. Piensa en todo esto hasta que comprendas que es verdad, y hasta que comprendas cómo debes vivir y actuar para ser ciudadano de un todo tan perfecto.

Luego, piensa en la maravillosa verdad de que esta gran Inteligencia está en ti; es tu propia inteligencia. Es una Luz Interior que te impulsa hacia lo correcto y lo mejor, la acción más grande y la felicidad más elevada. Es un Principio de Poder en ti, que te da toda la capacidad y el

LA CIENCIA DE SER GRANDE |

genio que existe. Te guiará de manera infalible hacia lo mejor, si te sometes a él y caminas en la luz. Considera lo que significa la consagración de ti mismo cuando dices: «Obedeceré a mi alma». Esta es una frase de tremendo significado; debe revolucionar la actitud y el comportamiento de la persona común. Piensa entonces en tu identificación con este Gran Supremo; que todo su conocimiento es tuyo y toda su sabiduría es tuya, con solo pedirla. Eres un dios si piensas como un dios. Si piensas como un dios no puedes dejar de actuar como un dios. Los pensamientos divinos seguramente se exteriorizarán en una vida divina. Los pensamientos de poder terminarán en una vida de poder. Los grandes pensamientos se manifestarán en una gran personalidad.

Piensa bien en todo esto y entonces estarás listo para actuar.

CAPÍTULO XIV

La acción en casa

No pienses tan solo que vas a ser grande; piensa que eres grande ahora.

No pienses que empezarás a actuar de manera grande en algún momento del futuro; empieza ahora. No pienses que vas a actuar de una manera grandiosa cuando llegues a un entorno diferente; actúa de manera grandiosa donde estás ahora.

No pienses que empezarás a actuar de forma grandiosa cuando empieces a tratar con asuntos grandes; empieza a tratar de forma grandiosa con asuntos pequeños. No pienses que empezarás a ser grande cuando te encuentres con gente más inteligente, o con gente que te entienda mejor; empieza ahora a tratar de forma grande con la gente que te rodea.

Si no te encuentras en un entorno en el que haya lugar para tus mejores facultades y talentos, podrás moverte a su debido tiempo; pero, mientras tanto, puedes ser grande ahí donde estás. Lincoln fue tan grande cuando era un abogado de pueblo como cuando fue presidente; como abogado de pueblo hizo cosas comunes de una manera grandiosa, y eso lo convirtió en presidente. Si hubiera esperado a llegar a Washington para empezar a ser grande, habría seguido siendo desconocido. Uno no se hace grande gracias al lugar en el que se encuentra ni por las cosas de las que se rodea. No te hace grande lo que recibes de los demás y nunca podrás manifestar grandeza mientras dependas de los demás. La grandeza solo se manifestará cuando empieces a estar solo. Desecha todo pensamiento de dependencia de lo externo, ya sean cosas, libros o personas. Como dijo Emerson, «Uno no se convertirá en Shakespeare a través del estudio de Shakespeare. Uno se hará Shakespeare pensando sobre los pensamientos de Shakespeare».

No importa cómo te traten las personas que te rodean, incluidas las de tu propia casa. Eso no tiene nada que ver con que seas grande; es decir, no pueden impedir que seas grande. La gente puede no atenderte, y ser desagradecida y antipática en su actitud hacia ti; ¿acaso eso te impide ser grande en tus modales y actitud hacia ellos? «Vuestro Padre», dijo Jesús, «es bondadoso con los ingratos y los malos». ¿Sería Dios grande si se alejara y se enfadara porque la gente es desagradecida y no le aprecia? Trata a los ingratos y a los malvados de forma grandiosa y perfectamente amable, al igual que hace Dios. No hables de tu grandeza; en realidad, en su naturaleza esencial, no eres más grande que los que te rodean. Puede que hayas entrado en una forma de vivir y pensar que ellos aún no han encontrado, pero ellos son perfectos en su propio plano de pensamiento y acción. No tienes derecho a recibir ningún honor o consideración especial por tu grandeza.

Eres un dios, pero estás entre dioses. Caerás en una actitud jactanciosa si observas los defectos y fracasos de los demás, y los comparas con tus propias virtudes y éxitos; y si caes en la actitud jactanciosa mental, dejarás de ser grande y te volverás pequeño. Piensa en ti mismo como un ser perfecto entre seres perfectos y reconoce a cada persona como un igual, no como un superior o un inferior. No te des aires de grandeza; las grandes personas nunca lo hacen.

No reclames honores ni busques reconocimiento, los honores y el reconocimiento llegarán con rapidez si tienes derecho a ellos.

Empieza por casa. Es una gran persona la que puede estar siempre preparada, segura, tranquila y perfectamente amable, y es bien considerada en su hogar. Si tus modales y tu actitud con tu propia familia son siempre los mejores que se te pueden ocurrir, pronto te convertirás en la persona en la que todos los demás confiarán. Serás un pilar de fortaleza y un apoyo en los momentos difíciles. Serás querido y apreciado. Al mismo tiempo, no cometas el error de ponerte al servicio de los demás. La persona grande se respeta a sí misma; sirve y ayuda, pero nunca es servil. No puedes ayudar a tu familia siendo un esclavo de ella, o haciendo por ella lo que por derecho debería hacer por sí misma. Se hace un daño a una persona cuando se le presta demasiada atención. Los egoístas y exigentes están mucho mejor si se les niega sus demandas. El mundo ideal no es aquel en el que hay muchas personas que son atendidas por otras; es un mundo en el que todos se atienden a ellos mismos. Satisface todas las demandas, egoístas o no, con perfecta amabilidad y consideración; pero no te permitas ser esclavo de los caprichos, antojos, exacciones o pretensiones de servicio de ningún miembro de tu familia. No es bueno hacerlo así y, además, acarrea un perjuicio a la otra parte.

No te inquietes ante los fracasos o errores de algún miembro de tu familia, y sientas que debes intervenir. No te inquietes si otros parecen ir por mal camino, y sientas que debes intervenir y enderezarlos.

Recuerda que cada persona es perfecta en su propio plano; no puedes mejorar la obra de Dios.

No te inmiscuyas en los hábitos y prácticas personales de los demás, aunque estos sean tus personas más cercanas y queridas; estas cosas no son de tu incumbencia. Nada puede estar mal, excepto tu propia actitud personal; haz que esta esté bien y sabrás que todo lo demás está bien. Eres un alma verdaderamente grande cuando puedes convivir con quienes hacen cosas que tú no haces y, sin embargo, te abstienes de criticar o interferir. Haz las cosas que son correctas según tu criterio y asume que cada miembro de tu familia está haciendo las cosas que son correctas para él.

No hay nada malo en nadie ni en nada, y hete aquí que todo es muy bueno.

No te dejes esclavizar por nadie, pero ten el mismo cuidado de no atar a nadie a tus propias nociones de lo que es correcto. Piensa, y piensa profunda y continuamente; sé perfecto en tu bondad y consideración; que tu actitud sea la de un dios entre dioses y no la de un dios entre seres inferiores. Tal es la manera de ser grande en tu propia casa.

CAPÍTULO XV

La acción en el exterior

L AS reglas que se aplican a tu acción en el hogar deben aplicarse a tu acción en todas partes. No olvides ni por un instante que este es un mundo perfecto y que eres un dios entre dioses. Eres tan grande como el más grande, pero todos son tus iguales.

Confía absolutamente en tu percepción de la verdad. Confía en la luz interior más que en la razón, pero asegúrate de que tu percepción proviene de la luz interior; actúa con aplomo y calma; quédate tranquilo y atiende a Dios. La identificación de ti mismo con la Mente Suprema te otorgará todo el conocimiento que necesitas para que esta te guíe en cualquier contingencia que pueda surgir en tu propia vida o en la de los demás. Solo es necesario que mantengas una calma suprema y que confíes en la sabiduría eterna que hay en tu interior.

Si actúas con aplomo y fe, tu juicio siempre será correcto y siempre sabrás exactamente qué hacer.

No te apresures ni te preocupes; recuerda a Lincoln en los días oscuros de la guerra. James Freeman Clarke cuenta que, después de la batalla de Fredericksburg, Lincoln fue el único que proporcionó un suministro de fe y esperanza a la nación. Cientos de hombres importantes, de todas partes del país, entraron llenos de tristeza en su habitación, y salieron alegres y esperanzados. Habían estado cara a cara con el Altísimo, y habían visto a Dios en aquel hombre larguirucho, desgarbado y paciente, aunque no lo sabían.

Ten una fe inquebrantable en ti mismo y en tu propia capacidad para afrontar cualquier combinación de circunstancias que pueda surgir. No te inquietes si te encuentras solo; si necesitas amigos, te llegarán en el momento oportuno. No te preocupes si tienes la sensación de ser ignorante, que la información que necesitas te será proporcionada cuando sea el momento de tenerla. Lo que está en tu interior, impulsándote hacia adelante, se encuentra en las cosas y personas que necesitas, impulsándolas hacia ti. Si hay un hombre en particular al que necesitas conocer, te será presentado; si hay un libro en particular que necesitas leer, llegará a tus manos en el momento adecuado. Todo el conocimiento que necesitas te llegará procedente tanto de fuentes externas como internas. Tu información y tus talentos estarán siempre a la altura de las exigencias de la ocasión. Recuerda que Jesús les dijo a sus discípulos que no se preocuparan por lo que debían decir cuando fueran llevados ante los jueces; él sabía que el poder que había en ellos sería suficiente para las necesidades del momento. Tan pronto como te despiertes y comiences a utilizar tus facultades a gran escala, aplicarás el poder al desarrollo de tu cerebro; se crearán nuevas células y se acelerará la actividad de las células dormidas, y tu cerebro se calificará como el instrumento perfecto de tu mente.

> *No intentes hacer grandes cosas hasta que no estés preparado para hacerlas de una forma grande.*

Si acometes los grandes asuntos de una manera pequeña; es decir, desde un punto de vista bajo o con una consagración incompleta, y con una fe y un valor vacilantes, fracasarás. No tengas prisa por llegar a las cosas grandes. Hacer grandes cosas no te hará grande, pero llegar a ser grande te llevará ciertamente a hacer grandes cosas. Comienza a ser grande ahí donde estás y en las cosas que haces cada día. No te apresures a ser descubierto o reconocido como una gran personalidad. No te decepciones si los hombres no te nominan para un cargo un mes después de que empieces a practicar lo que lees en este libro. Las grandes personas nunca buscan el reconocimiento o el aplauso; no son grandes porque quieran que se les recompense por serlo. La grandeza es suficiente por sí misma; la alegría de ser algo y de saber que estás avanzando es el mayor de los gozos posibles para el hombre.

Si comienzas en tu propia familia, tal como se describe en el capítulo anterior, y luego asumes la misma actitud mental con tus vecinos, amigos y aquellos que conoces en los negocios, pronto encontrarás que la gente comienza a depender de ti. Buscarán tu consejo, y un número cada vez mayor de personas buscarán en tu fuerza e inspiración, y confiarán en tu juicio.

Aquí, lo mismo que en el hogar, debes evitar entrometerte en los asuntos de los demás. Ayuda a todos los que acuden a ti, pero no vayas por ahí, por tu cuenta, tratando de encauzar a los demás. Ocúpate de tus propios asuntos. No es parte de tu misión en la vida corregir la moral, los hábitos o las prácticas de la gente. Lleva una vida de grandeza, haciendo todas las cosas con un gran espíritu y de una gran manera; dale al que te pide tan libremente como has recibido, pero no impongas tu ayuda o tus opiniones a ningún hombre. Si tu vecino desea fumar o beber, es asunto suyo; no es asunto tuyo hasta que te lo consulte. Si llevas una vida de grandeza y no predicas, salvarás mil veces más almas que quien lleva una vida pequeña y predica de manera continua.

Si mantienes el punto de vista correcto sobre el mundo, los demás lo descubrirán y quedarán impresionados a través de tu conversación y práctica diarias. No trates de convertir a los demás a tu punto de vista, si no es sosteniéndolo y viviendo en consecuencia.

LA CIENCIA DE SER GRANDE |

Si tu consagración es perfecta, no necesitas explicárselo a nadie; rápidamente se hará evidente para todos que estás guiado por un principio más elevado que el hombre o la mujer promedio. Si tu identificación con Dios es completa, no necesitas explicar el hecho a los demás; será evidente. Para llegar a ser conocido como una gran personalidad, no tienes que hacer nada más que vivir. No te imagines que debes ir cargando por el mundo como Don Quijote, enfrentándote a los molinos de viento, poniendo todo patas arriba, para demostrar que eres alguien. No vayas a la caza de grandes cosas que hacer. Vive una vida grande allá donde estás, y en el trabajo diario que tienes que hacer, y las obras más grandes llegarán a ti con toda seguridad. Las cosas grandes vendrán a ti, pidiendo ser hechas.

> *Aprecia el valor de cada hombre hasta el punto de tratar incluso a un mendigo o al vagabundo con la más distinguida consideración. Todo es Dios. Todos los hombres y mujeres son perfectos.*

Que tus modales sean los de un dios que se dirige a otros dioses. No guardes toda tu consideración para con los pobres; el millonario es tan bueno como el vagabundo. Este es un mundo perfectamente bueno, y no hay una persona o cosa en él que no sea exactamente correcta; asegúrate de tener esto en mente al tratar con las cosas y los hombres.

Forma tu visión mental de ti mismo con cuidado. Hazte la idea de ti mismo como deseas ser, y mantén esto con la fe de que se está realizando, y con el propósito de realizarla hasta su plenitud. Lleva a cabo todos los actos cotidianos como debería hacerlo un dios; expresa todas las palabras tal y como debería expresarlas un dios; reúnete con hombres y mujeres de baja y alta condición como un dios se reúne con otros seres divinos. Comienza así y continúa así, y tu desarrollo en capacidad y poder será grande y rápido.

CAPÍTULO XVI

Algunas explicaciones adicionales

Volvamos aquí a la cuestión del punto de vista, porque, además de ser de vital importancia, es el que más problemas puede causar al estudiante. Hemos sido entrenados, en parte por maestros religiosos equivocados, para ver el mundo como un barco naufragado, arrastrado por una tormenta contra las rocas de la costa; la destrucción total será, antes o después, inevitable y lo más que se podrá hacer será rescatar, tal vez, a algunos de la tripulación. Esta visión nos enseña a considerar el mundo como esencialmente malo y cada vez peor; y a creer que las discordias y desarmonías existentes deben continuar e intensificarse hasta el final. Nos roba la esperanza en la sociedad, el gobierno y la humanidad, y nos dota de una perspectiva decreciente, así como de una mente contraída.

Todo esto es erróneo. El mundo no está destrozado. Es como un magnífico barco de vapor con los motores en su sitio y la maquinaria en perfecto orden. Los depósitos están llenos de carbón y el barco está espléndidamente abastecido para la travesía; no falta nada de lo bueno. Se han tomado todas las disposiciones que la Omnisciencia pudo concebir para la seguridad, la comodidad y la felicidad de la tripulación; el barco está en alta mar, dando bandazos de un lado a otro, porque nadie ha aprendido todavía a llevar el rumbo correcto. Estamos aprendiendo a dirigirlo y, a su debido tiempo, llegaremos al puerto de la perfecta armonía.

El mundo es bueno, y cada vez mejor. Las discordias e inarmonías existentes no son más que el cabeceo del barco, inherente a nuestra propia dirección imperfecta; todas ellas serán eliminadas a su debido tiempo. Este punto de vista nos da una perspectiva creciente y una mente en expansión; nos permite pensar en gran medida en la sociedad y en nosotros mismos, y hacer las cosas a lo grande.

Por tanto, comprobamos que nada puede estar mal en un mundo así o en cualquier parte del mismo, incluidos nuestros propios asuntos. Si todo avanza hacia su culminación, entonces no va mal y, como nuestros propios asuntos personales son parte del todo, tampoco van mal. Tú y todo lo que te concierne estáis avanzando hacia la plenitud. Nada puede frenar este movimiento hacia adelante, excepto tú mismo, y solo puedes frenarlo si asumes una actitud mental que se opone a los designios divinos. Si te mantienes bien, nada puede salir mal y no tienes nada que temer. Ningún enredo o cualquier otro desastre puede sobrevenirte si tu actitud personal es la correcta, porque eres una parte de aquello que está creciendo y avanzando, y debes crecer y avanzar con ello.

Además, tu forma de pensar se conformará, en su mayor parte, de acuerdo con tu punto de vista sobre el cosmos. Si ves el mundo como algo perdido y arruinado, te verás a ti mismo como parte de algo así, y como partícipe de sus pecados y debilidades. Si tu visión del mundo, en su conjunto, es desesperada, tu visión de ti mismo no puede ser esperanzadora. Si ves que el mundo declina hacia su fin, no puedes verte a ti mismo progresando. A menos que pienses de manera favorable sobre todas las obras de Dios, no podrás pensar realmente bien sobre ti mismo, y a menos que pienses bien sobre ti mismo, nunca podrás llegar a ser grande.

Repito que tu lugar en la vida, incluyendo tu entorno material, viene determinado por la forma mental que habitualmente tienes de ti mismo. Cuando uno tiene una forma mental sobre sí mismo, no puede dejar de formar en su mente un entorno acorde con la misma. Si piensas en ti mismo como una persona incapaz e ineficiente, pensarás en ti mismo inmerso en un entorno pobre o barato. A menos que pienses bien de ti mismo, estate seguro de que te imaginarás en un entorno más o menos pobre. Tales pensamientos, mantenidos habitualmente, se convierten en formas invisibles en la materia mental circundante, y te acompañan continuamente. A su debido tiempo, por la acción regular de la energía creativa eterna, las formas de pensamiento invisibles se reproducen en la materia, y estás rodeado de tus propios pensamientos convertidos en cosas materiales.

> *Considera la naturaleza como una gran presencia viva y en avance, y contempla la sociedad humana exactamente de la misma manera. Todo es uno, proviene de una fuente, y todo es bueno.*

Tú mismo estás hecho de la misma materia que Dios. Todos los componentes de Dios son partes de ti; cada poder que Dios tiene forma parte también del hombre. Puedes avanzar como ves que Dios lo hace. Tienes dentro de ti la fuente de todo poder.

Más sobre el Pensamiento

DEMOS lugar aquí a alguna consideración más sobre el pensamiento. Nunca llegarás a ser grande hasta que tus propios pensamientos te hagan grande y, por lo tanto, es de primerísima importancia el hecho de que debes PENSAR.

> *Nunca harás grandes cosas en el mundo exterior hasta que pienses grandes cosas en el mundo interior; y nunca pensarás grandes cosas hasta que pienses en la verdad; en las verdades.*

Para pensar grandes cosas debes ser absolutamente sincero; y, para ser sincero, debes saber que tus intenciones son correctas. El pensamiento insincero o falso nunca es grande, por muy lógico y brillante que resulte.

El primer paso, y el más importante, es buscar la verdad sobre las relaciones humanas, saber lo que debes ser para los demás hombres y lo que ellos deben ser para ti. Esto te lleva de nuevo a la búsqueda de un punto de vista correcto. Debes estudiar la evolución orgánica y social.

Lee a Darwin y a Walter Thomas Mills, y cuando leas, PIENSA; piensa en el asunto, en su totalidad, hasta que veas el mundo de las cosas y de los hombres de la manera correcta. PIENSA en lo que Dios está haciendo hasta que puedas VER lo que está haciendo.

El siguiente paso es pensar sobre la actitud personal correcta. Tu punto de vista te dice cuál es la actitud correcta, y la obediencia al alma te pone en ella. Solo haciendo una completa consagración de ti mismo, a lo más elevado que hay dentro de ti, puedes alcanzar un pensamiento sincero. Mientras sepas que eres egoísta en tus objetivos, o deshonesto o torcido de alguna manera en tus intenciones o prácticas, tu pensamiento será falso y tus pensamientos no tendrán poder. PIENSA sobre la forma en que estás haciendo las cosas; sobre todas tus intenciones, propósitos y prácticas, hasta que sepas que son las correctas.

La realización de su unidad completa con Dios es algo que ninguna persona puede captar sin una reflexión profunda y sostenida. Cualquiera puede aceptar la proposición de manera superficial, pero sentir y realizar una comprensión vital de la misma es otra cuestión. Es fácil pensar en salir de uno mismo para encontrar a Dios, pero no es tan fácil pensar en entrar en uno mismo para encontrar a Dios. Pero Dios está ahí y, en el sancta sanctorum de tu propia alma, puedes encontrarlo cara a cara. Es algo tremendo este hecho de que todo lo que necesitas ya está dentro de ti; que no tienes que preguntarte cómo conseguir el poder para hacer lo que quieres hacer o para convertirte en lo que quieres ser.

Solo tienes que considerar cómo usar el poder que tienes de la manera correcta. Y no hay nada más que hacer que empezar. Utiliza tu percepción de la verdad; puedes ver de manera inmediata, hoy, la verdad de esto; vive plenamente con ello y verás aún más verdad mañana.

Para librarte de las viejas ideas falsas tendrás que reflexionar mucho sobre el valor de los hombres: la grandeza y el valor de un alma humana. Debes dejar de observar los errores humanos y centrarte en los éxitos; dejar de ver los defectos y ver las virtudes. No puedes seguir contemplando a los hombres y mujeres como seres perdidos y arruinados que descienden al infierno; debes llegar a considerarlos como almas brillantes que ascienden hacia los cielos. Esto requerirá un cierto ejercicio de la fuerza de voluntad, pero éste es el uso legítimo de la voluntad: decidir en qué vas a pensar y cómo vas a pensar.

La función de la voluntad es dirigir el pensamiento. Piensa en el lado bueno de los hombres, en la parte hermosa y atractiva, y ejerce tu voluntad negándote a pensar en cualquier otra cosa en relación con ellos.

No conozco a nadie que haya logrado tanto en este punto como Eugene V. Debs, dos veces candidato socialista a la presidencia de los Estados Unidos. El Sr. Debs reverencia a la humanidad. Nunca se le pide ayuda en vano. Nadie recibe de él una palabra desagradable o de censura. No se puede llegar a su presencia sin llegar a percibir su profundo y bondadoso interés personal por uno. Toda persona, ya sea millonaria, trabajadora o mujer agotada, recibe el calor radiante de un afecto fraternal que es sincero y verdadero. Ningún niño harapiento le habla por la calle sin recibir un reconocimiento instantáneo y tierno. Debs ama a los hombres. Esto le ha convertido en la figura principal de un gran movimiento, en el héroe amado de un millón de corazones, y le dará un renombre inmortal. Es una gran cosa amar así a los hombres y eso es algo que solo se consigue con el pensamiento. Ninguna cosa puede hacerte grande sino el pensamiento.

> «Podemos dividir a los pensadores en aquellos que piensan por sí mismos y aquellos que piensan a través de otros. Estos últimos son la regla y los primeros la excepción. Los primeros son pensadores originales en un doble sentido, y egoístas en el sentido más noble de la palabra». Schopenhauer.
>
> «La clave de todo hombre es su pensamiento. Aunque parezca contumaz y desafiante, tiene un timón al que obedece, que es la idea según la cual se clasifican todos sus hechos. Solo se le puede reformar mostrándole una nueva idea que ordene la suya». Emerson.
>
> «Todos los pensamientos verdaderamente sabios han sido pensados ya miles de veces; pero para hacerlos realmente nuestros debemos

volver a pensarlos honestamente hasta que echen raíces en nuestra expresión personal». Goethe.

«Todo lo que un hombre es exteriormente, no es más que la expresión y la culminación de su pensamiento interior. Para trabajar eficazmente debe pensar con claridad. Para actuar noblemente debe pensar noblemente». Channing.

«Los grandes hombres son los que ven que la espiritualidad es más fuerte que cualquier fuerza material; que los pensamientos gobiernan el mundo». Emerson.

«Algunas personas estudian toda su vida, y a su muerte han aprendido todo excepto a pensar». Domergue.

«El pensamiento habitual es el que se enmarca en nuestra vida. Nos afecta incluso más que nuestras relaciones sociales íntimas. Nuestros amigos íntimos no tienen tanto que ver en la configuración de nuestra vida como los pensamientos que albergamos...». J. W. Teal.

«Cuando Dios libra a un gran pensador en este planeta, entonces, todas las cosas están en riesgo. No hay un dogma de la ciencia que no pueda verse trastocado mañana; ni ninguna reputación literaria o los llamados nombres eternos de la fama que no puedan resultar rechazados y condenados». Emerson.

¡Piensa! ¡¡Piensa!! ¡¡¡PIENSA!!!

CAPÍTULO XVIII

La idea de grandeza de Jesús

En el capítulo veintitrés del evangelio de San Mateo, Jesús hace una distinción muy clara entre la verdadera y la falsa grandeza, y también señala el único gran peligro para todos los que desean llegar a ser grandes, la más insidiosa de las tentaciones que todos deben evitar y combatir sin descanso, si desean ascender de verdad en el mundo. Dirigiéndose a la multitud y a sus discípulos, les pide que se cuiden de adoptar el principio de los fariseos. Señala que, aunque los fariseos son hombres justos y rectos, jueces honorables, verdaderos legisladores y rectos en su trato con los hombres, «aman los asientos superiores en las fiestas y los saludos en la plaza, y que se les llame Maestro, Maestro»; y en contraposición a este principio, dice: «El que quiera ser grande entre vosotros que sirva».

La idea que tiene la gente común de un gran hombre, más que de uno que sirve, es la de uno que logra hacerse servir.

Se pone en posición de mandar a los hombres; de ejercer poder sobre ellos, haciéndolos obedecer su voluntad. El ejercicio del dominio sobre otras personas, para la mayoría de las personas, es algo grandioso. Nada parece ser más dulce para el alma egoísta que algo así. Siempre encontrarás a toda persona egoísta y poco desarrollada tratando de dominar a los demás, de ejercer el control sobre otros hombres. Los salvajes, nada más aparecer en la Tierra, comenzaron a esclavizarse los unos a los otros. Durante siglos, librar guerras, la diplomacia, la política y el gobierno ha tenido como objetivo asegurarse el control sobre otros hombres. Los reyes y los príncipes han empapado el suelo de la tierra con sangre y lágrimas, en su esfuerzo por extender sus dominios y su poder para gobernar a más personas.

La pugna del mundo de los negocios, de hoy en día, es la misma que la de los campos de batalla de Europa de hace un siglo en lo que respecta a su motor primario. Robert O. Ingersoll no podía entender por qué hombres como Rockefeller y Carnegie buscan más dinero y se hacen esclavos de la lucha empresarial cuando ya tienen más de lo que pueden gastar. Lo consideraba una especie de locura y lo ilustró de la siguiente manera: «Supongamos que un hombre tuviera cincuenta mil pares de pantalones, setenta y cinco mil chalecos, cien mil abrigos y ciento cincuenta mil corbatas, ¿qué pensarías de él si se levantara por la mañana antes de la luz y trabajara hasta después de que oscureciera todos los días, llueva o haga sol, con todo tipo de clima, simplemente para conseguir otra corbata?».

Pero no es un buen símil. La posesión de corbatas no da a un hombre ningún poder sobre otros hombres, mientras que la posesión de dólares sí. Rockefeller, Carnegie y los de su clase no buscan dólares sino poder. Es el principio del fariseo; es la lucha por el puesto en lo alto. Desarrolla hombres capaces, astutos, ingeniosos, pero no grandes hombres.

Quiero que contrastéis estas dos ideas de grandeza en vuestras mentes. «El que quiera ser grande entre vosotros, que sirva». Permitidme acudir a la audiencia americana promedio y preguntar quién considera que fue el hombre más grande.

La mayoría pensará en Abraham Lincoln; ¿y no se debe esto a que en Lincoln, por encima de todos los demás hombres que nos han servido en la vida pública, reconocemos el espíritu de servicio? No de servilismo, sino de servicio. Lincoln fue un gran hombre, porque supo ser un gran servidor. Napoleón, capaz, frío, egoísta, que buscaba los altos cargos, fue un hombre brillante. Lincoln fue grande; Napoleón no.

> En el momento en que uno empieza a avanzar y es reconocido como alguien que hace las cosas de manera genial, se encuentra en peligro.

La tentación de ser condescendiente, aconsejar o asumir la dirección de los asuntos de otras personas es a veces casi irresistible. Evitad, sin embargo, el peligro contrario de caer en el servilismo, o de lanzaros por completo al servicio de los demás. Hacer esto ha sido el ideal de mucha gente. Se ha pensado que la vida completamente abnegada es una existencia semejante a la de Cristo, debido, según creo, a una concepción completamente errónea del carácter y las enseñanzas de Jesús. He explicado este concepto erróneo en un pequeño libro que espero que todos vosotros podáis leer en alguna ocasión, *A New Christ*. Miles de personas que imitan a Jesús, tal como ellos lo suponen, se han rebajado a sí mismas y han renunciado a todo lo demás para dedicarse a hacer el bien, practicando un altruismo que, en realidad, es tan mórbido y tan alejado de la grandeza como el más rancio de los egoísmos. Los instintos más sutiles, que responden al clamor de la dificultad o de la angustia, no son en absoluto todo lo que tenéis dentro; no son necesariamente lo mejor de vosotros. Hay otras cosas que debéis hacer, además de ayudar a los desgraciados, aunque es cierto que una gran parte de la vida y de las actividades de toda gran persona debe dedicarse a ayudar a otras personas. Cuando empieces a progresar, ellos acudirán a ti. No los rechaces. Pero no cometas el error fatal de suponer que una vida de completa abnegación es el camino de la grandeza.

Para tocar aún otro punto aquí, permitidme referirme al hecho de que la clasificación de Swedenborg de los motivos fundamentales es exactamente la misma que la de Jesús. Él divide a todos los hombres en dos grupos: los que viven en el amor puro y los que viven en lo que él llama el amor de gobernar por amor al yo. Se verá que esto es exactamente lo mismo que el ansia de posición y poder de los fariseos. Swedenborg veía este amor egoísta al poder como la causa de todo pecado. Era el único deseo malo del corazón humano, del cual surgían todos los demás malos deseos.

Frente a esto, coloca el amor puro. No dice amor a Dios o amor al hombre, sino simplemente amor. Todos los religiosos dan más importancia al amor y al servicio a Dios que al amor y al servicio al hombre. Pero es un hecho que el amor a Dios no es suficiente para salvar a un hombre del ansia de poder, pues algunos de los más ardientes amantes de la Deidad han sido los peores tiranos. Los amantes de Dios son a menudo tiranos, y los amantes de los hombres son a menudo entrometidos e impertinentes.

CAPÍTULO XIX

Una visión de la evolución

PERO, ¿cómo evitaremos lanzarnos al trabajo altruista si estamos rodeados de pobreza, ignorancia, sufrimiento, y de toda clase de manifestaciones de miseria, al igual que lo están muchas personas? Aquellos que viven donde la mano marchita de la necesidad les acucia por todos lados, apelando a la ayuda, deben encontrar difícil abstenerse de dar continuamente. Además, existen irregularidades sociales y de otro tipo, injusticias cometidas contra los débiles, que encienden las almas generosas con un deseo casi irresistible de arreglar las cosas. Queremos iniciar una cruzada; sentimos que los males nunca se corregirán hasta que nos entreguemos por completo a la tarea. En todo esto debemos recurrir al punto de vista.

> *Debemos recordar que este no es un mundo malo, sino un mundo bueno en proceso de convertirse.*

Sin duda alguna, hubo un tiempo en que no había vida en esta tierra. El testimonio de la geología sobre el hecho de que el globo fue una vez una bola de gas ardiente y roca fundida, revestida de vapores hirvientes, resulta indiscutible.

Y no sabemos cómo podría haber existido la vida en tales condiciones; es algo que parece imposible. La geología nos dice que, más tarde, se formó una corteza, el globo se enfrió y se endureció, los vapores se condensaron y se convirtieron en niebla o cayeron en forma de lluvia. La superficie enfriada se desmoronó y se convirtió en suelo; la humedad se acumuló, surgieron estanques y mares, y por fin, en algún lugar del agua o de la tierra apareció algo que estaba vivo.

Es razonable suponer que esa primera vida fue la de organismos unicelulares pero, detrás de esas células, estaba el insistente impulso del Espíritu, la Gran Vida Única buscando manifestarse. Y, pronto, los organismos que tenían demasiada vida como para expresarse con una sola célula, tuvieron dos células y luego muchas, y aún más vida se vertió en ellos.

Se formaron organismos multicelulares; plantas, árboles, vertebrados y mamíferos, muchos de ellos con formas extrañas, pero todos eran perfectos en su especie, como todo lo que Dios hace. Sin duda había formas burdas y casi monstruosas, tanto de vida animal como de la vegetal; pero todo cumplía su propósito en aquellos días y todo era muy bueno. Entonces llegó otro día, el gran día del proceso evolutivo, un día en el que las estrellas de la mañana cantaron juntas y los hijos de Dios gritaron de alegría al contemplar el principio del fin, porque el hombre, el objeto que se pretendía crear desde el principio, había aparecido en escena. Un ser simiesco, poco diferente de las bestias que lo rodeaban, al menos en apariencia, pero con una capacidad de crecimiento y pensamiento infinitamente diferente. El arte y la belleza, la arquitectura y el canto, la poesía y la música, todo ello eran posibilidades no realizadas en el alma de ese hombre simio. Y para su tiempo y clase era muy bueno.

«Es Dios el que obra en vosotros el querer y el hacer, por su buena voluntad», dice San Pablo.

Desde el mismo día en que apareció el primer hombre, Dios comenzó a obrar en los hombres, poniendo más y más de sí mismo en cada generación sucesiva, impulsándolos a mayores logros y a mejores condiciones sociales, gubernamentales y domésticas. Aquellos que, volviendo la mirada hacia atrás, a la historia antigua, ven las terribles condiciones que existían, las barbaridades, idolatrías y sufrimientos, y que, leyendo sobre Dios en conexión con tales hechos, están dispuestos a considerar que fue cruel e injusto con el hombre, deberían detenerse a pensar.

> *Desde el hombre-mono hasta el hombre-Cristo por venir, la raza ha tenido que elevarse. Y eso solo pudo lograrse mediante el despliegue sucesivo de los diversos poderes y posibilidades latentes en el cerebro humano.*

Dios deseaba expresarse, vivir en una forma, y no solo eso, sino también vivir en una forma a través de la cual pudiera expresarse en el plano moral y espiritual más elevado. Dios quería hacer evolucionar una forma en la que pudiera vivir como un dios y manifestarse como un dios. Este era el objetivo de la fuerza evolutiva. Las épocas de guerra, de derramamiento de sangre, de sufrimiento, de injusticia y de crueldad se fueron atemperando de muchas maneras gracias al amor y la justicia a medida que avanzaba el tiempo. Y esto fue desarrollando el cerebro del hombre hasta un punto en el que debería ser capaz de dar plena expresión al amor y la justicia de Dios. El final del camino aún no ha llegado; Dios no aspira a la perfección de unos pocos especímenes escogidos para su exhibición, como los mejores frutos en la parte superior de la caja, sino a la glorificación de la raza. Llegará el tiempo en que el Reino de Dios se establecerá en la tierra; el tiempo previsto por el soñador de la Isla de Patmos********, en el que ya no habrá llanto, ni existirá más dolor, porque todo lo anterior habrá pasado, y allí no habrá noche.

******** Se refiere al autor del libro del *Apocalipsis,* identificado a menudo con el apóstol Juan el Evangelista *(N. del T.).*

CAPÍTULO XX

Servir a Dios

Os he traído hasta aquí a través de los dos capítulos precedentes con el fin de abordar al final la cuestión del deber. Este es un problema que desconcierta y deja perplejas a muchas personas que son sinceras y serias, y a las que su solución causa suma dificultad.

Cuando empiezan a obrar sobre ellos mismos y a practicar la ciencia de hacerse grandes, se ven por fuerza obligados a reorganizar muchas de sus relaciones. Hay amigos de los que tal vez deban distanciarse, hay parientes que los malinterpretan y que se sienten de alguna manera menospreciados; el hombre realmente grande es a menudo considerado como egoísta por un gran círculo de personas que están relacionadas con él y que sienten que podría darles más de lo que les da. La pregunta de partida es: ¿Es mi deber sacar el máximo provecho de mí mismo sin tener en cuenta todo lo demás? ¿O debo esperar hasta que pueda hacerlo sin causar fricción alguna o pérdidas a nadie? Esta es la encrucijada del deber hacia uno mismo frente al deber hacia los demás.

El deber para con el mundo se ha discutido a fondo en las páginas anteriores y ahora entro a considerar la idea del deber para con Dios. Un inmenso número de personas sufren de una gran incertidumbre, por no decir ansiedad, en cuanto a lo que deben hacer por Dios.

La cantidad de trabajo y servicio que se LE dedican en estos Estados Unidos, en forma de trabajo eclesiástico y demás, es enorme. Una inmensa cantidad de energía humana se gasta en lo que se llama servir a Dios. Me propongo considerar brevemente lo que es servir a Dios y cómo un hombre puede servir mejor a Dios, y creo que podré dejar claro que la idea convencional de lo que constituye el servicio a Dios es errónea.

Cuando Moisés volvió a Egipto para sacar a los hebreos de la esclavitud, su exigencia al Faraón, en nombre de la Deidad, fue: «Deja ir al pueblo para que me sirva». Los condujo al desierto y allí instituyó una nueva forma de adoración que ha llevado a mucha gente a suponer que la adoración constituye el servicio de Dios, aunque más tarde Dios mismo manifestó con claridad que no le importaban las ceremonias, las ofrendas quemadas o las oblaciones, y la enseñanza de Jesús, si se entiende correctamente, eliminaría por completo la adoración organizada en el templo. Dios no necesita nada que los hombres puedan hacer por él con sus manos o cuerpos o voces. San Pablo señala que el hombre no puede hacer nada por Dios, porque Dios no necesita nada.

La visión de la evolución que hemos adoptado muestra a Dios buscando manifestarse a través del hombre. A lo largo de todas las épocas sucesivas en las que su espíritu ha impulsado al hombre hacia las alturas, Dios ha seguido buscando manifestarse. Cada generación de hombres es más parecida a Dios que la anterior. Cada generación de hombres exige más que la anterior en cuanto a casas bonitas, entornos agradables, trabajo amigable, descanso, viajes y oportunidades de estudio.

He oído a algunos economistas miopes argumentar que los trabajadores de hoy deberían sentirse más que satisfechos porque su condición es mucho mejor que la del trabajador de hace doscientos años, que dormía en una choza sin ventanas, sobre un suelo cubierto de juncos, en compañía de sus cerdos. Si ese hombre tenía todo lo que podía utilizar para vivir toda la vida que sabía vivir, estaba del todo contento y, si sufría carencias, no estaba contento. El hombre de hoy dispone de una casa confortable y de muchas cosas más, de hecho, que eran desconocidas hasta hace poco tiempo y, si tiene todo lo que puede usar para vivir toda la vida que puede imaginar, estará contento. Pero no está satisfecho. Dios ha elevado la raza hasta el punto de que cualquier hombre común puede imaginarse una vida mejor y más deseable que la que puede vivir en las condiciones existentes. Y, mientras esto sea cierto, mientras un hombre pueda pensar e imaginar con claridad una vida más deseable, estará descontento con la vida que le ha tocado vivir, y con razón. Ese descontento es el Espíritu de Dios que impulsa a los hombres hacia condiciones más deseables. Es Dios que busca manifestarse en la humanidad. «Él obra en nosotros el querer y el hacer».

El único servicio que puedes prestar a Dios es dar expresión a lo que él intenta dar al mundo a través de ti. El único servicio que puedes prestar a Dios es sacar lo mejor de ti mismo para que Dios viva en ti al máximo de tus posibilidades. En una obra anterior de esta serie (*La ciencia de hacerse rico*) me refiero al niño al piano, cuya música, que sentía en el alma, no podía encontrar expresión a través de sus manos inexpertas. Esta es una buena ilustración de la forma en que el Espíritu de Dios está sobre, alrededor, en torno y dentro de todos nosotros, buscando hacer grandes cosas con nosotros, tan pronto como entrenemos nuestras manos y pies, nuestras mentes, cerebros y cuerpos para ponerlos a su servicio.

> *Tu primer deber para con Dios, contigo mismo y con el mundo es convertirte en una personalidad tan grande, en todos los sentidos, como puedas.*

Y eso, me parece, resuelve la cuestión del deber. Hay una o dos cosas más que podrían resolverse al cerrar este capítulo. He escrito sobre la oportunidad en un capítulo anterior. He dicho, de manera general, que todo hombre puede llegar a ser grande, así como en *La ciencia de hacerse rico* declaré que todo hombre puede llegar a serlo. Pero es preciso matizar estas amplias generalizaciones. Hay hombres que cuentan con mentes tan materialistas que son absolutamente incapaces de comprender la filosofía expuesta en estos libros. Existe una gran masa de hombres y mujeres que han vivido y trabajado hasta ser prácticamente incapaces de pensar siguiendo esta línea ideológica, y no pueden recibir el mensaje. Se puede hacer algo por ellos mediante la demostración; es decir, viviendo la vida ante ellos. Porque esa es la única manera de despertarlos. El mundo necesita la demostración, más que la enseñanza. Para con esta masa de gente, nuestro deber es llegar a ser tan grandes en personalidad como sea posible, para que puedan ver y desear hacer lo mismo. Es nuestro deber hacernos grandes por ellos, para que podamos ayudar a preparar al mundo para que la próxima generación tenga mejores condiciones para pensar.

Y aún otra cuestión: con frecuencia me escriben personas que desean hacer algo por sí mismas y salir al mundo, pero que se ven obstaculizadas por los lazos del hogar, teniendo a otras personas más o menos dependientes de ellas, y que temen que sufran si las dejan solas. En general, aconsejo a estas personas que salgan sin miedo y que saquen lo mejor de sí mismas. Si hay una pérdida en el hogar, será solo temporal y aparente, pues en poco tiempo, si siguen la guía del Espíritu, podrán cuidar de sus dependientes mejor de lo que lo han hecho nunca.

CAPÍTULO XXI

Un ejercicio mental

No hay que malinterpretar el propósito de los ejercicios mentales. No reside ninguna virtud en los amuletos o en las cadenas de palabras que se recitan; no existe ningún atajo para el desarrollo mediante la repetición de oraciones o encantamientos.

> *Un ejercicio mental es un ejercicio que no consiste en la repetición de palabras, sino en el pensar ciertas ideas.*

Las frases que oímos repetidamente se convierten en convicciones, como dice Goethe; y los pensamientos que pensamos repetidamente se convierten en habituales, y nos hacen ser lo que somos. El propósito de realizar un ejercicio mental es que puedas pensar ciertos ideas repetidamente hasta que se forme el hábito de pensarlas; entonces serán tus pensamientos siempre. Si se abordan de la manera correcta y con una comprensión de su propósito, los ejercicios mentales son de gran valor; pero, si se abordan como la mayoría de la gente lo hace, son peor que inútiles.

Los pensamientos plasmados en el siguiente ejercicio son los que has de pensar. Debes hacer el ejercicio una o dos veces al día, pero debes pensar las ideas continuamente. Es decir, no las pienses dos veces al día durante un tiempo determinado y luego las olvides hasta que llegue el momento de volver a hacer el ejercicio. El ejercicio sirve para imprimir en ti el material del pensamiento continuado.

Tómate un periodo de tiempo en el que puedas disponer de entre veinte minutos y media hora sin interrupciones, y procede primero a ponerte físicamente cómodo. Acuéstate cómodo en una silla reclinable, o en un sofá, o en la cama; lo mejor es acostarse boca arriba. Si no tienes otro momento, haz el ejercicio al acostarte por la noche y antes de levantarte por la mañana.

Primero deja que tu atención recorra tu cuerpo, desde la coronilla hasta la planta de los pies, relajando cada músculo a medida que avanzas.

Relájate completamente. A continuación, aparta de tu mente los males físicos y de otro tipo. Deja que la atención baje por la médula espinal y salga por los nervios hacia las extremidades, y mientras lo haces piensa: «Mis nervios están en perfecto orden en todo mi cuerpo. Obedecen a mi voluntad y tengo una gran fuerza nerviosa». A continuación, lleva tu atención a los pulmones y piensa: «Estoy respirando profunda y tranquilamente, y el aire entra en cada célula de mis pulmones, que están en perfecto estado. Mi sangre está purificada y limpia». A continuación, al corazón: «Mi corazón late con fuerza y constancia, y mi circulación es perfecta, incluso hasta las extremidades». A continuación, al sistema digestivo: «Mi estómago y mis intestinos realizan su trabajo perfectamente. Mis alimentos se digieren y asimilan, y mi cuerpo se reconstruye y nutre. Mi hígado, mis riñones y mi vejiga realizan cada uno sus diversas funciones sin dolor ni esfuerzo; estoy completamente bien. Mi cuerpo descansa, mi mente está tranquila y mi alma está en paz».

«No sufro de ansiedad por los asuntos financieros o de otro tipo. Dios, que está dentro de mí, está también en todas las cosas que quiero, impulsándolas hacia mí; todo lo que quiero ya se me ha dado. No siento ansiedad por mi salud, porque estoy perfectamente sano. No tengo ninguna preocupación ni temor. Me elevo por encima de toda tentación de maldad moral. Desecho

> toda la codicia, el egoísmo y la estrecha ambición personal; no siento envidia, malicia o enemistad hacia ninguna alma viviente. No seguiré ningún curso de acción que no esté de acuerdo con mis más altos ideales. Tengo razón y haré lo correcto».

Punto de vista

Todo está bien en el mundo. Es perfecto y avanza hacia su culminación. Contemplaré los sucesos de la vida social, política e industrial solo desde este elevado punto de vista. Hete aquí que todo es muy bueno. Veré a todos los seres humanos, a todos mis conocidos, amigos, vecinos y a los miembros de mi propia casa, de la misma manera.

Todos son buenos. Nada está mal en el universo; nada puede estar mal a excepción mi propia actitud personal, y en adelante me mantendré en la rectitud. Toda mi confianza está en Dios.

Consagración

Obedeceré a mi alma y seré fiel a lo que hay dentro de mí, que es lo más elevado. Buscaré en mi interior la idea pura de lo correcto en todas las cosas y, cuando la encuentre, la expresaré en mi vida exterior. Abandonaré todo lo que he superado en favor de lo mejor que pueda pensar. Tendré los pensamientos más elevados con respecto a todas mis relaciones, y mis maneras y acciones expresarán tales pensamientos. Entrego mi cuerpo para que sea gobernado por mi mente; cedo mi mente al dominio de mi alma, y confío mi alma a la guía de Dios.

Identificación

No hay más que una sustancia y una fuente, y de ella estoy hecho y con ella soy uno. Es mi Padre; yo procedí y vine de él. Mi Padre y yo somos uno, y mi Padre es más grande que yo, y yo hago su voluntad. Me entrego a la unidad consciente con el Espíritu Puro; no hay más que uno y ese uno está en todas partes. Soy uno con la Conciencia Eterna.

Idealización

Forma una imagen mental de ti mismo, tal como quieres ser, y con la mayor perfección posible que tu imaginación pueda alcanzar. Permanece así durante algún tiempo, manteniendo el pensamiento:

«Esto es lo que realmente soy; es una imagen de mí mismo perfecta y avanza hasta su culminación. Contemplaré los sucesos de la vida social, política e industrial solo desde este elevado punto de vista. Aquí tienes que todo es muy bueno. Veré a todos los seres humanos, a todos mis conocidos, amigos, vecinos y a los miembros de mi propia casa de la misma manera. Todos son buenos.

Nada está mal en el universo, nada puede estar mal sino mi propia actitud personal, y en adelante mantengo ese derecho. Toda mi confianza reposa en Dios».

Realización

Asimilo el poder de llegar a ser lo que quiero ser y de hacer lo que quiero hacer. Ejerzo la energía creativa; todo el poder que hay, es mío. Me levantaré y saldré con poder y perfecta confianza; haré obras poderosas gracias a la fuerza del Señor, mi Dios. Confiaré y no temeré, porque Dios está conmigo.

CAPÍTULO XXII

Resumen de *La ciencia de ser grande*

Todos los hombres están hechos de la única sustancia inteligente, y por lo tanto, todos albergan los mismos poderes y posibilidades esenciales. La grandeza es inherente por igual a todos y puede manifestarse en todos. Toda persona puede llegar a ser grande. Todo aquello que está en Dios está en el hombre.

El hombre puede superar tanto la herencia como las circunstancias, ejerciendo el poder creador inherente al alma. Para llegar a ser grande, el alma debe actuar, y debe gobernar la mente y el cuerpo.

El conocimiento del hombre es limitado y cae en el error por ignorancia; para evitarlo debe conectar su alma con el Espíritu Universal. El Espíritu Universal es la sustancia inteligente de la que proceden todas las cosas; está en y a través de todas las cosas. Esta mente universal conoce todas las cosas y el hombre puede unirse a ella para adquirir todo el conocimiento.

Para ello, el hombre debe expulsar de sí mismo todo lo que le separa de Dios. Debe querer vivir la vida divina y elevarse por encima de todas las tentaciones morales; debe abandonar todo curso de acción que no esté de acuerdo con sus más altos ideales.

Debe alcanzar el punto de vista correcto, reconociendo que Dios es todo, está en todo, y que no existe nada malo. Debe ver que la naturaleza, la sociedad, el gobierno y la industria son perfectos en su etapa actual, y que avanzan hacia su culminación; y que todos los hombres y mujeres, en todas partes, son buenos y perfectos. Debe saber que todo está bien en el mundo y unirse a Dios para completar la obra perfecta. Solo cuando el hombre ve a Dios como la Gran Presencia que progresa en todo, y el bien que está en todo, puede elevarse a la verdadera grandeza.

Debe consagrarse al servicio de lo más elevado que hay en su interior, obedeciendo la voz del alma. Hay una luz interior en cada hombre que lo impulsa continuamente hacia lo más elevado, y debe dejarse guiar por esta luz si quiere llegar a ser grande.

Debe reconocer el hecho de que es uno con el Padre, y afirmar conscientemente esta unidad para sí mismo y para todos los demás. Debe saber que es un dios entre dioses y actuar en consecuencia. Debe tener una fe absoluta en sus propias percepciones de la verdad y comenzar a actuar en su casa según estas percepciones. Cuando vea el camino verdadero y correcto en las cosas pequeñas, debe tomar ese camino. Debe dejar de actuar irreflexivamente y comenzar a pensar; y debe ser sincero en su pensamiento.

Debe formarse una imagen mental de sí mismo en lo más alto y mantener tal imagen hasta que sea su forma mental habitual sobre sí mismo. Esta forma de pensar debe mantenerla continuamente en su atención. Debe realizar y expresar externamente esa forma mental en sus acciones. Debe hacer todo lo que hace de una manera grandiosa. En el trato con su familia, sus vecinos, conocidos y amigos, debe hacer de cada acto una expresión de su ideal. El hombre que alcanza el punto de vista correcto y lleva a cabo una consagración completa, y que se idealiza plenamente a sí mismo como grande, y que hace de cada acto, por trivial que sea, una expresión del ideal, ya ha alcanzado la grandeza. Todo lo que haga lo hará de forma grandiosa. Se dará a conocer y será reconocido como una personalidad llena de poder. Recibirá el conocimiento por inspiración y sabrá todo lo que necesita saber. Recibirá toda la riqueza material que forme en sus pensamientos y no le faltará nada bueno. Recibirá la habilidad de lidiar con cualquier combinación de circunstancias que puedan surgir, y su crecimiento y progreso serán continuos y rápidos.

Las grandes obras lo buscarán y todos los hombres se deleitarán en rendirle honores. Por su valor peculiar para el estudiante de *La ciencia de hacerse grande*, cierro este libro reproduciendo un fragmento del ensayo de Emerson sobre la «Superalma». Este gran ensayo es fundamental, ya que muestra los principios básicos del monismo y de la ciencia de la grandeza. Recomiendo al estudiante que lo estudie cuidadosamente en relación con este libro.

«¿Qué es el sentido universal de la carencia y la ignorancia, sino la fina insinuación por la que el alma grande hace su enorme reclamo? ¿Por qué los hombres sienten que la historia natural del ser humano no se ha escrito nunca, sino que este siempre está dejando atrás lo que se ha dicho de él, y que esa historia se hace vieja, y que los libros de metafísica no tienen valor? La filosofía de seis mil años no ha buscado en las cámaras y estancias del alma. En sus experimentos siempre ha quedado, en último término, un residuo que no ha podido resolver. El hombre es una corriente cuya fuente permanece oculta. Siempre, nuestro ser desciende a nosotros desde no sabemos dónde. Aún quien hace los cálculos más exactos, no tiene la seguridad de que algo incalculable no puede obstaculizarle al momento siguiente. Me veo obligado, en todo momento, a reconocer un origen más elevado para los acontecimientos que la voluntad que yo llamo mía.

Tal como ocurre con los acontecimientos, así ocurre con los pensamientos. Cuando observo ese río que fluye y que, desde regiones que no veo, vierte por una temporada sus corrientes en mí, veo que soy un receptor, no una causa, sino un espectador sorprendido de esta agua etérea; que deseo y miro hacia arriba, y me pongo en actitud de recepción, pues de alguna energía ajena vienen las visiones.

El crítico supremo de todos los errores del pasado y del presente, y el único profeta de lo que debe ser, es esa gran naturaleza en la que descansamos, como la tierra reposa en los suaves brazos de la atmósfera; esa

Unidad, esa Superalma, que contiene el ser particular de cada hombre y que se hace uno con todos los demás; ese corazón común, en el que toda conversación sincera es la adoración, en el que toda acción correcta es la sumisión; esa realidad sobrecogedora que confunde nuestra habilidades y talentos, y obliga a cada uno a enfrentarse a lo que es, y a hablar desde su forma de ser y no desde la apariencia; y que siempre tiende y pretende pasar a nuestro pensamiento y a nuestra mano, y convertirse en sabiduría, y virtud, y poder, y belleza. Vivimos en sucesión, en división, en partes, en partículas.

Mientras tanto, dentro del hombre reside el alma del todo; el silencio sabio; la belleza universal, con la que cada parte y partícula está igualmente relacionada, el Uno eterno. Y este poder profundo en el que existimos, y cuya beatitud nos es accesible, no solo se basta a sí mismo y es perfecto en cada momento, sino que el acto de ver, y lo que es visto, el vidente y el espectáculo, el sujeto y el objeto, son uno. Vemos el mundo pieza por pieza, como el sol, la luna, el animal, el árbol; pero el todo, del que estas son las partes brillantes, es el alma. Solo mediante la visión de esa Sabiduría se puede leer el horóscopo de las edades, y solo recurriendo a nuestros mejores pensamientos, cediendo al espíritu de profecía que es innato en todo hombre, sabemos lo que dice. Las palabras de todo hombre, que habla desde esa vida, deben sonar vanas a quienes no habitan en el mismo pensamiento. Es por ello que no me atrevo a hablar.

Mis palabras no trasladan su augusto sentido; se quedan cortas y frías. Solo ella misma puede inspirar a quien quiera, y ¡mira!, su discurso será lírico y dulce, y universal como el arreciar del viento.

Sin embargo, deseo, incluso con palabras profanas, si no puedo usar las sagradas, indicar el cielo de esta deidad, e informar de los indicios que he recogido de la trascendente simplicidad y energía de la Ley Suprema.

Si consideramos lo que ocurre en la conversación, en los ensueños, en los remordimientos, en los momentos de pasión, en las sorpresas, en las enseñanzas que nos dan los sueños, en los que a menudo nos vemos de forma distorsionada —los disfraces pintorescos solo magnifican y realzan un elemento real, y obligan a percibirlo con claridad—, captaremos muchos indicios que ampliarán y aligerarán el conocimiento del secreto de la naturaleza. Todo indica que el alma en el hombre no es un órgano, sino que anima y moviliza todos los órganos; no es una función, como el poder de la memoria, del cálculo, de la comparación, sino que se sirve de estos como de las manos y de los pies; no es una facultad, sino una luz; no es el intelecto o la voluntad, sino el dueño del intelecto y de la voluntad; es el vasto fondo de nuestro ser, en el que los otros se encuentran, una inmensidad que no se posee y que no puede poseerse. Desde dentro o desde atrás, una luz brilla a través de nosotros sobre las cosas y nos hace ser conscientes de que no somos nada, pero la luz lo es todo. El hombre es la fachada de un templo en el que habitan toda la sabiduría y todo el bien. Lo que comúnmente llamamos hombre, el hombre que come, que bebe, que planta, que cuenta, no se representa a sí mismo, tal como lo conocemos, sino que se tergiversa. A él no lo respetamos, y sí al alma, cuyo órgano, si lo dejara aparecer a través de su acción, nos haría doblar las rodillas. Cuando respira a través de su intelecto, es genio; cuando fluye a través de su afecto, es amor.

El ritmo de su progreso se debe calcular según su propia ley y no mediante la aritmética. Los progresos del alma no se hacen de forma gradual, tal como se podría representar con un movimiento en línea recta, sino más bien por la ascensión del estado, tal como puede representarse por la metamorfosis del huevo al gusano, del gusano a la mosca. Los incrementos del genio tienen cierto carácter total, que no hacen avanzar al individuo elegido primero convertido en John, luego en Adam, luego en Richard, y que provocan en cada uno de ellos el dolor de la inferioridad descubierta, sino que, gracias a cada latido de crecimiento, consiguen que el hombre se expanda allí donde trabaja, trasmitiéndose, a cada latido, a clases y poblaciones humanas. Con cada impulso divino la mente rasga las delgadas cortezas de lo visible y finito, y sale a la eternidad, e inspira y expira su aire.

Esta es la ley de la ganancia moral y mental. Lo sencillo se eleva, como por levedad específica, no a una virtud particular, sino a la región de todas las virtudes. Están en el espíritu que las contiene todas. El alma es superior a todas las particularidades del mérito. El alma requiere pureza, pero la pureza no es eso; requiere justicia, pero la justicia no es eso; requiere beneficencia, pero es algo mejor; de modo que existe una especie de descenso y acomodación que se siente cuando se deja de hablar de la naturaleza moral, para instar a una virtud a la que se une. Porque, para el alma en su acción pura, todas las virtudes son naturales y no penosamente adquiridas. Habla al corazón del hombre y este se vuelve súbitamente virtuoso.

Dentro del mismo sentimiento se halla el germen del crecimiento intelectual, que obedece a la misma ley. Quien es capaz de humildad, de justicia, de amor, de aspiración, está ya en una plataforma que rige las ciencias y las artes, la palabra y la poesía, la acción y la gracia. Pues, quien mora en esta beatitud mortal, anticipa ya esas facultades especiales que los hombres aprecian tanto, así como el amor hace justicia a todos los dones del objeto amado. El amante no posee ningún talento, ninguna habilidad, que no engarce su enamorada, por poco que ella posea una facultad afín. Y, el corazón que se abandona a la Mente Suprema, se encuentra en relación con todas sus obras, y recorrerá un camino real hacia el conocimiento y los poderes particulares. Porque, al ascender a este sentimiento primario y prístino, hemos pasado, desde nuestra remota estancia en la periferia, de manera instantánea, al centro del mundo, donde, como si nos hallásemos en el gabinete de Dios, vemos las causas y anticipamos la evolución del universo, que no es sino un efecto secundario».

Deja que tu forma de tratar a todos los hombres y mujeres, grandes y pequeños, y especialmente a tu propio círculo familiar, sea siempre la más amable, graciosa y cortés que puedas imaginar. Recuerda tu punto de vista; eres un dios en compañía de dioses y debes comportarte en consecuencia.

El poder que está en tu interior reside también en las cosas que te rodean y, cuando comienzas a avanzar, las cosas se arreglarán por sí mismas para tu beneficio, tal como se describe en capítulos posteriores de este libro. El hombre fue conformado para crecer y todo lo que existe en su exterior fue diseñado para promover su crecimiento.

La forma en que un hombre piensa en las cosas está determinada por hasta qué punto cree en ellas. Sus pensamientos están determinados por su fe, y los resultados dependen de que haga una aplicación personal de su fe. Si un hombre tiene fe en la eficacia de una medicina, y es capaz de aplicar esa fe a sí mismo, esa medicina hará con toda certeza que se cure; pero, aunque su fe sea grande, no se curará a menos que la aplique a sí mismo.

La energía creadora actúa a través de los canales establecidos del crecimiento natural, y del orden industrial y social. Todo lo que está incluido en su imagen mental se le otorgará sin duda alguna al hombre que sigue las instrucciones que hemos dado más arriba, y cuya fe no vacila. Lo que desea le llegará por las vías del comercio establecido.